# The ProActive Revolution in Architecture
Sistemi, modelli, idee

Collana diretta da Antonino Saggio

2

IN COPERTINA
*Percorsi Ulivi Xylella: Rural paths un progetto per combattere l'emergenza ecologica nell'entroterra salentino*
Michele Spano
Proprietà letteraria riservata
© Copyright 2018
ITOOLS - LULU.COM
ISBN: 978-0-244-97938-6

Copie di questo libro possono essere ordinate presso
www.lulu.com/ITools
www.amazon.it

La collana rappresenta un cambio di punto di vista negli studi di architettura e urbanistica. Invece di partire da una "soluzione", si parte da una "crisi". Ciascun volume si articola attorno ad una tematica generale, dai rifiuti urbani alle nuove energie, dalle cave agli inquinamenti da veleni, dai temi delle nuove migrazioni alla mobilità. Le analisi economiche, sociali e statistiche forniscono il quadro di riferimento e sono riassunte ed evidenziate con mappe e grafici redatti ad hoc.

Alle possibili indicazioni propositive della crisi in esame è dedicato il centro di ciascun volume con particolare attenzione alle componenti metodologiche e tecnologiche e all'individuazione di esempi nazionali ed internazionali di riferimento.

La presentazione di un progetto collocato in un contesto geografico specifico e in cui la crisi viene affrontata dal punto di vista urbanistico, architettonico e costruttivo, è inserita nella parte finale del libro. Il progetto, redatto dall'autore del volume e supervisionato dal direttore di collana è, in questo quadro, non tanto una sperimentazione culturale, ma una proposta per il dibattito sociale e politico. Architetti e designer, amministratori e imprenditori, cittadini di tutto il mondo sanno che le opere di architettura e urbanistica sono sempre più motivate da una moltitudine di fattori strettamente interagenti, ma sanno anche che le soluzioni derivano da un'imprevedibile combinazione dei dati di fatto che solo uno sforzo intellettuale e creativo può permettere di generare: la rivoluzione Pro-Attiva dell'architettura vuole fornire idee da discutere molto concretamente e un metodo di lavoro e di ricerca per i nuovi progettisti.

Michele Spano

# PERCORSI ULIVI XYLELLA
Rural paths un progetto per combattere
l'emergenza ecologica nell'entroterra salentino

prefazione di Antonino Saggio

Prefazione
di Antonino Saggio

Vorrei che fosse ben evidente a tutti il portato del lavoro di Michele Spano e insieme di questo libro e di questa collana. In sintesi si tratta di:
a. collegare l'architettura ad un più vasto sentire sociale e politico, perché la politica senza cultura è mero rimescolamento di interessi senza prospettive e senza direzione. E, al contrario, la cultura senza ipotesi di intervento politico e fatuo e autoreferenziale accademismo;
b. rendere disponibile elettronicamente un libro in modalità gratuita e allo stesso tempo diffonderlo a stampa in tutto il mondo al solo prezzo di costo;
c. mettere a sistema le risorse disponibili e cioè le forze di un giovane architetto appassionato della sua terra, dolorosamente colpito da una grave crisi che tenta di affrontare indirizzato dal sottoscritto nella sua qualità di relatore di laurea e fondatore di questa collana.
A questo punto "Percorsi Ulivi Xylella: Rural paths un progetto per combattere l'emergenza ecologica nell'entroterra salentino" diventa uno strumento multitasking: serve almeno una mezza dozzina di aspetti e vuole essere se non rivoluzionario almeno proactive nel discutere alcuni aspetti di una grave crisi ambientale.

Questo libro è infatti basato su un progetto e allo stesso tempo su una crisi. Partire da una crisi è la strategia più difficile e più produttiva per un progetto. Qualunque esso sia, ma in particolare se è un progetto di Progettazione architettonica e urbana.
La crisi genera in sé un enzima di necessità che, se incanalato con azioni positive, allora - albero da seme - cresce e contribuisce alla vita del mondo. La crisi drammatica che qui si affronta è quella della devastazione del territorio del Salento a causa di un'epidemia batteriologica. Epidemia che ha causato già la distruzione di moltissimi ettari di splendidi e monumentali alberi di ulivo.
Il lavoro di Spano entra con competenza nella disamina puntuale del dedalo di informazioni, delle azioni politiche amministrative e della popolazione, degli allarmi veri e presunti. Un pensiero sistemico spinge lo studio: come è possibile vivere passivamente in un insieme così antisistemico (batterio, sradicamento, perdita sociale e antropica, distruzione di un

sistema di valori tanto paesaggistici che sociali ed economici)?
In questo contesto il progetto architettonico può intervenire? Cosa fare per contribuire ad una nuova ecologia?
A poco a poco, attraverso lo studio, la crisi si comincia ad incanalare in azioni. Si individua un vasto territorio investito dall'epidemia e dallo sradicamento degli alberi, lo si studia nelle sue possibilità e nelle sue specifiche criticità. Si individuano cave dismesse. Gradualmente si ridisegna il parco nei suoi percorsi, nelle sue aree di risarcimento ambientale e colturale. Tessendo giacenze, nuovi percorsi, aree da recuperare Spano individua una parte in cui può sorgere un campus agricolo destinato alla gestione dell'emergenza fitosanitaria e il rilancio agricolo della zona. Ancora studiando, viene scoperto che l'idea non è affatto ipotetica, ma è prevista esattamente dai provvedimenti ministeriali per affrontare la crisi. L'obiettivo del progetto e dell'intero lavoro di Spano è operare una ricucitura fra i fattori principali dell'ecosistema locale. Tale ricucitura, fisica oltre che metaforica, viene attuata con una rete di tracciati che nel rammagliare il Comparto Nord Est del bacino estrattivo, riattivano l'innesto territoriale descritto dal sistema di cave su cui insistono anche spazi periurbani e campi agricoli. Come verrà oltre specificato, l'insieme dei percorsi rappresentano un vero e proprio diagramma, grazie al quale il progetto si inserisce in ruoli diversi: *"Rural paths infatti è parco agricolo, per valorizzare il paesaggio locale a partire dalla sua natura rurale; è infrastruttura sostenibile, dimensione possibile grazie ad un'attenta gerarchia dei flussi la quale, nel cercare di sostituirsi ai più convenzionali sistemi di collegamento, propone livelli di percorrenza sempre diversi, in grado di raccontare il luogo da molteplici punti di vista; è luogo della ricerca, laboratorio a cielo aperto finalizzato alla gestione dell'emergenza Xylella, all'interno del quale i percorsi costituiscono un sistema di lunghezze ottimizzato al fine di garantire una rapida ricognizione della salute ambientale del territorio. Il network di tracciati rappresenta, in ultima istanza, l'ossatura della struttura programmatica della proposta progettuale, in particolare nel suo relazionarsi con il territorio"*. Due parole chiave caratterizzano l'operazione: «Eco villaggio», ambito della sperimentazione del nuovo vivere rurale, e «Ricerca», appunto, ambito della sperimentazione agro ecologica e fitosanitaria, votato alla costruzione di un nuovo e condiviso *know-how* agricolo. I due aspetti rappresentano lo strato superficiale di una strategia ancora più complessa, che punta a combinare pubblico e privato all'interno di un sistema che si muove dal paesaggio all'architettura.

Ecco allora che si vedono grandi campi agricoli alternarsi a distese boschive per l'agro
- silvicoltura, estensioni floreali a specchi d'acqua per la fitodepurazione, oliveti ad aree
ludico - sportive, ambiti fra i quali si muovono piste ciclopedonali, percorsi a cavallo e
passeggiate in quota, forme di spostamento sostenibili capaci di regalare esperienze
edonistiche del paesaggio salentino, qui riproposto in forme e linguaggio contemporanei.
I medesimi enzimi alla base dell'infrastruttura parco muovono anche le singole opere
che ne animano i tracciati. I diversi manufatti, nati come materializzazione dei principali
nodi del sistema di percorsi, sono eco dell'insieme dei flussi che articolano il parco,
carattere che si rilegge tanto negli spazi di distribuzione collettiva del complesso, quanto
nel trattamento materico esterno: nastri di pietra, legno e intonaco bianco corrono tanto
nel trattamento dei sistemi di pavimentazione e nei muri del parco che nei nuovi edifici.
Nasce così un piccolo centro di mixité con residenza, laboratorio, aule specializzate che
si innesta in continuità con i percorsi di valorizzazione del parco agricolo. Il complesso
è organizzato con edifici ad andamento lineare che determinano un insieme che da una
parte richiama alcuni aspetti degli interventi rurali, dall'altro decisamente se ne distacca.
Gli interni sono studiati con precisione, attraverso l'uso flessibile degli spazi, la luce
naturale gioca un ruolo importante nel complesso come l'alternanza di materiali lapidei
e del legno.
Questo libro riorganizza nella prima parte l'insieme complesso di conoscenze e azioni
legato alla epidemia che ha colpito il Salento, nella seconda parte fa comprendere come il
tema dell'agricoltura, tra ridefinizione e valorizzazione del paesaggio, è un tema rilevante
nel dibattito architettonico attuale, nella terza discute analiticamente della proposta
progettuale.
Si tratta di un contributo sicuramente utile a quanti si interessano alla salvaguardia attiva
del nostro territorio.

*Provincia di Lecce, distribuzione degli oliveti sulla penisola salentina, rielaborazione a cura dell'autore*

# 1. LA CRISI: I PROCESSI ANTIECOLOGICI DEL SALENTO

## 1.1 Premessa

Negli ultimi anni l'ecosistema salentino si è ritrovato minacciato da un insieme di processi che hanno dato luogo ad una crisi mascherata sotto il nome di Xylella Fastidiosa, batterio patogeno fra le piante di ulivo.
Parola chiave per comprendere l'intero fenomeno è "antiecologia", cioè 'insieme dei processi e dei sistemi che determinano la distruzione di una struttura naturale e che, nella provincia di Lecce, si è estesa dalle foreste di ulivi alla politica, con continui compromessi e rimandi di responsabilità che hanno alterato la realtà anche agli occhi dei cittadini. La società agricola è stata messa in ginocchio dalle numerose eradicazioni e dal 'ingente uso di pesticidi, misure 'necessarie' per fronteggiare l'epidemia in atto e dallo stesso sistema giudiziario, il quale in un vortice di indagini e sentenze, ha portato alla luce i lucrosi meccanismi che hanno alimentato la stessa epidemia. Quando c'è una crisi in Italia c'è sempre chi guadagna illecitamente.
A partire da tale scenario si sono rese necessarie strategie di intervento mirate a sovvertire il disastro di un intero ecosistema celato dietro l'emergenza fitosanitaria. Punto di partenza della proposta dal titolo "Rural paths un progetto per combattere 'emergenza ecologica nell'entroterra salentino" è 'idea elaborata in via ufficiale nell'ottobre 2014 dalla XIII Commissione Agricoltura secondo cui bisogna "*rendere il territorio interessato dal fenomeno del disseccamento rapido un laboratorio a cielo aperto di sperimentazione agro - ecologica*" (Camera dei Deputati 2014) entro cui sviluppare progetti di ricerca volti al controllo del fenomeno batteriologico.
Per articolare un pensiero "sistemico" che possa innervare il progetto conviene partire dai caratteri particolari del suolo nell'area salentina.
Alle radici delle innumerevoli piantumazioni di ulivi, oggi così messe a rischio, si nasconde appunto un terreno particolarmente pietroso. Per poter mettere a coltura i terreni è stato necessario sin dai tempi antichi dissodarli del loro strato superficiale. Solo dopo questa opera era possibile far attecchire le colture. Le famose costruzioni in pietra della regione, sia negli elementi a supporto del territorio agricolo sia nelle costruzioni,

erano "naturalmente" il materiale frutto del dissodamento a fini agricoli. La pietra era "ovviamente" riutilizzata e il dissodamento necessario alla produzione agricola.

Tutt'altra questione è invece la sempre più massiccia attività estrattiva che si è trasformata in un'azione invasiva e deturpante per l'intero territorio provinciale, che è il primo nella intera regione Puglia per numero di aree estrattive dismesse. Caso emblematico è il Bacino estrattivo di Calcarenite di Cursi-Melpignano-Corigliano d'Otranto-Maglie-Castrignano dei Greci, culla della pietra leccese e maggiore polo estrattivo dismesso, di cui più oltre ci occuperemo.

Il territorio del Salento si ritrova così al centro di un'incessante lacerazione dovuta a deturpazioni agricole da una parte e azione estrattiva incontrollata dall'altra.

Porre un freno al quadro negativo che ha caratterizzato l'intera provincia di Lecce, dal 2010 ad oggi, vuol dire riflettere anche sugli equilibri che per secoli hanno tenuto assieme cave e agricoltura. Ed è proprio in questa direzione che si muove Rural Path, che tenta di proporre innanzitutto un programma adatto ad invertire questa tendenza: il progetto punta in primo luogo a costruire una filiera in situ, chiara e trasparente nella gestione del fenomeno epidemico, soprattutto nel pieno rispetto degli operatori del settore. Successivamente intende valorizzare l'agricoltura locale, attività cardine del paesaggio e dell'economia salentina, già vittima delle agromafie; in stretto rapporto a quest'ultimo punto, l'interesse di Rural paths deriva anche dall'attento programma di tutela e valorizzazione del luogo, programma che si confronta con le principali direzioni urbanistiche, dal recupero dei contesti di cava sino al disegno provinciale di promozione del territorio. Tuttavia il cuore dell'intero lavoro è operare una sostanziale ricucitura fra i tratti principali dell'ecosistema locale.

Tale ricucitura, fisica oltre che metaforica, viene attuata tramite un network di tracciati che nel rammagliare il Comparto Nord Est del bacino estrattivo, riattivano l'innesto territoriale descritto dal sistema di cave su cui insistono anche spazi periurbani e campi agricoli.

L'insieme dei percorsi rappresentano un vero e proprio diagramma, grazie al quale Rural paths si inserisce in ruoli diversi e interconnessi fra loro: è infatti parco agricolo, dimensione tramite cui si valorizza il paesaggio locale a partire dalla natura rurale del sito; è infrastruttura sostenibile, dimensione possibile grazie ad un'attenta gerarchia dei flussi la quale, nel cercare di sostituirsi ai più convenzionali sistemi di collegamento, propone livelli di percorrenza sempre diversi, in grado di raccontare il luogo da molteplici punti di vista; è luogo della ricerca, laboratorio a cielo aperto finalizzato alla gestione dell'emergenza

Xylella, all'interno del quale i percorsi costituiscono un sistema di lunghezze ottimizzato al fine di garantire una rapida ricogrizione della salute ambientale del territorio; è, in ultima istanza, l'ossatura della struttura programmatica della proposta progettuale, in particolare nel suo relazionarsi con il territorio.

La strategia di intervento punta a combinare pubblico e privato all'interno di un sistema che si muove dal paesaggio all'architettura. Ecco allora che si vedono grandi campi agricoli alternarsi a distese boschive per l'agro-silvicoltura, estensioni floreali a specchi d'acqua per la fitodepurazione, oliveti ad aree ludico-sportive, ambiti fra i quali si muovono piste ciclopedonali, percorsi a cavallo e passeggiate in quota, forme di spostamento sostenibili capaci di regalare esperienze edoristiche del paesaggio salentino, qui riproposto in forme e linguaggio contemporanei.

I medesimi enzimi alla base dell'infrastruttura parco muovono anche le singole opere che ne animano i tracciati. I diversi manufatti, nati come materializzazione dei principali nodi del sistema di percorsi, sono eco dell'insieme dei flussi che articolano il parco, carattere che si rilegge tanto negli spazi di distribuzione collettiva del complesso, quanto nel trattamento materico esterno: nastri di pietra, legno e intonaco bianco corrono lungo l'intero sviluppo degli alzati, traiettorie che rammagliano i corpi di fabbrica al terreno e, per estensione, al contesto ambientale data la grande attenzione rivolta all'utilizzo dei materiali della tradizione locale, qui organizzati secondo le direttrici di un campo di forze invisibili, figlie del contemporaneo paradigma informatico.

*Jean-Marc Caimi e Valentina Piccinni, foto nella campagna salentina. goo.gl/ZYk59W*

## 1.2 Xylella Fastidiosa: emergenza nell'emergenza

Dell'intero continente europeo, la Puglia rappresenta la culla di una delle colture più emblematiche della civiltà mediterranea: l'ulivo, da sempre testimone di ricchezza e forza, ma soprattutto simbolo stesso di un popolo e della sua storia millenaria. La Puglia vanta, con 300.059 unità, il primato per il maggior numero di ulivi monumentali. Nel Salento, in particolar modo, si contano ben 11.000.000 di esemplari, di cui circa 6.000.000 appunto secolari (Mastrogiovanni 2015).

L'albero d'ulivo costituisce allo stesso tempo uno dei pilastri non solo della storia ma anche dell'ecologia della Puglia, racchiudendo in sé almeno una duplice istanza: l'una economica, con chiaro riferimento alla filiera olivicola di cui la Puglia ha detenuto per molti anni la leadership, l'altra paesaggistico-ambientale, poiché l'ulivo è presidio di una bellezza senza tempo, un gigante "dormiente" che ha saputo trarre vita proprio fra i bancali calcarei del sottosuolo di queste terre.

Dal 2010 l'avvio di alcuni processi, ancora oggi carichi di ombre, hanno minacciato l'ecosistema dell'intero Salento. Principale effetto di tale fenomeno è l'avvio di una epocale crisi ecologica, mascherata dietro il nome di Xylella Fastidiosa, un batterio che, secondo i media, ha determinato la morte di numerosi esemplari di ulivo, per diventare con sempre maggiore evidenza la cartina al tornasole della fragilità di un territorio che paga lo scotto di una sostanziale incapacità nella gestione delle risorse da parte degli enti ad esso preposti.

Jean-Marc Caimi e Valentina Piccinni, foto nella campagna salentina. goo.gl/xVXnLK

La chiave per comprendere la complessità di tale scenario risiede nel termine "antiecologia", cioè nell'insieme dei processi e dei sistemi che stanno portando alla progressiva distruzione di una struttura naturale, produttiva e sociale che, nella provincia di Lecce, non tocca quindi solo le grandi foreste di ulivi, ma anche la burocrazia, la politica, l'economia e la giustizia. La tanto "sporsorizzata" emergenza fitosanitaria ha messo in ginocchio numerose famiglie di olivicoltori e, per estensione, l'intera filiera produttiva locale, già vittima delle agromafie.

Eradicazioni e pesticidi sono le braccia della morsa che ha destabilizzato il comparto rurale del Salento ed ha reso quanto mai urgente una sostanziale inversione di tendenza. Impoverire i lucrosi meccanismi emergenziali dovrebbe essere uno dei principali obiettivi, e con questo lo sviluppo di una nuova strategia per la salvaguardia dell'immagine nonché della salute ambientale del territorio.

Chiaramente ciò non basta: è indispensabile rinnovare il ciclo agricolo con pratiche sostenibili, formare coltivatori di nuova generazione, sintetizzare pratiche tradizionali e tecniche d'avanguardia.

"Rural paths un progetto per combattere l'emergenza ecologica nell'entroterra salentino" è una proposta - presentata nella parte finale di questo libro - che raccoglie la sfida lanciata dalla crisi ecologica e propone un nuovo modello relazionale fra uomo, agricoltura e territorio.

Il progetto, parco agricolo e campus scientifico al tempo stesso, opera su più livelli interconnessi fra loro:
- il livello naturalistico-ambientale, ambito nel quale sviluppa strategie di valorizzazione del paesaggio rurale salentino;
- il livello economico-sociale, dimensione entro cui sperimenta nuove forme per la promozione della produzione locale;
- il livello tecno-agricolo, settore entro cui sviluppa programmi formativi e di ricerca per l'accrescimento del *know-how* agricolo.

Ma andiamo per gradi e ripercorriamo alcuni aspetti necessari per comprendere la drammaticità dell'attuale situazione. Nell'ottobre del 2010 ha luogo, a Bari, un workshop organizzato dallo IAMB (Istituto Agronomico Mediterraneo di Bari) con lo scopo di formare tecnici specializzati nel fronteggiare il batterio da quarantena della Xylella Fastidiosa. Di fatto, a partire dal 2007, nel Salento avevano cominciato a verificarsi insoliti fenomeni di disseccamento improvviso degli ulivi che, tramite cure tradizionali, erano tornati a

*Rodrigo Almeida,*
*ourenvironment.berkeley.edu*

*Antonio Guario,*
*www.il-piu-grande-lavoro-sulla-terra.it*

*Donato Boscia,*
*www.il-piu-grande-lavoro-sulla-terra.it*

germogliare. I contadini attribuivano tali fenomeni ad attacchi fungini, ma l'ipotesi più accreditata fu quella avanzata dallo scienziato americano Rodrigo Almeida, uno dei massimi esperti di Xylella, secondo il quale, come affermò appunto nel citato workshop del 2010, lo scenario che caratterizza gli uliveti salentini è da ricondursi proprio al suddetto batterio, con buona probabilità trasmesso da una piccola cicala molto diffusa in Europa: la Philaemus spumarius. Effettivamente Xylella fastidiosa è un batterio che si insedia e prolifera all'interno dei vasi xilematici delle piante e, causandone l'ostruzione, provoca il disseccamento dei rami e dei germogli (Regione Puglia 2015). Nei tre anni successivi al workshop tali fenomeni hanno colpito diversi siti all'interno, in particolare, della provincia di Lecce, aspetto che portò Antonio Guario (direttore dell'Osservatorio Fitosanitario Regionale) e Donato Boscia (responsabile Unità Organizzativa di Supporto di Bari del CNR - Istituto per la Protezione Sostenibile delle Piante) a confermare l'ipotesi di Almeida: la Puglia si trova in piena emergenza Xylella. Il caso del disseccamento degli ulivi è stato ribattezzato CODIRO (Complesso del Disseccamento Rapido dell'Olivo) di cui la prima causa è proprio la Xylella fastidiosa. Ma il quadro fitopatologico aderisce veramente alla realtà dei fatti?

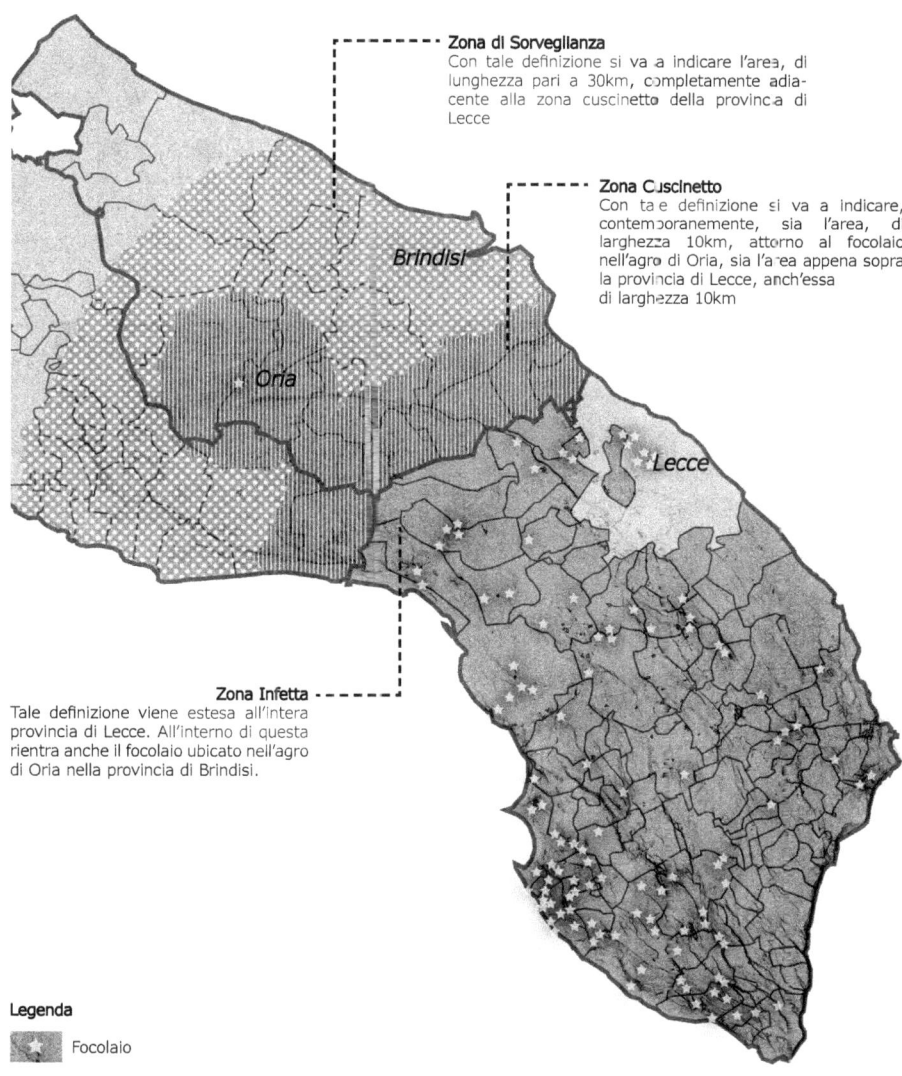

*Aree di intervento per il contenimento della diffusione della Xylella Fastidiosa. Determinazione di Esecuzione n. 195 - allegato 1, Regione Puglia, 1 Giugno 2015. Rielaborazione grafica a cura dell'autore*

O esistono delle incongruenze?

Secondo le analisi del SFR (Servizio Fitosanitario Regionale), al 2013 su 1757 campioni di ulivi solo ventuno risultarono infetti.

*"Solo molti mesi dopo, leggendo i verbali della visita degli ispettori europei in Puglia, sapremo che i dirigenti del Servizio Fitosanitario Regionale, sebbene in possesso di tali dati (in quanto sono loro a coordinare tutto), hanno comunicato agli ispettori europei che gli alberi infetti del Salento nel 2013 erano il 100%.*

*Ma sul sito dell'Unione Europea dove si riporta l'elenco dei batteri da quarantena, tra cui la Xylella, come didascalia alle foto del novembre 2013, che ritraggono gli ulivi con chiome secche, è chiaramente indicato che si tratta di 'danni causati dalla Zeuzera pyrina' (più noto come rodilegno giallo), e che la Xylella fastidiosa è stata trovata in associazione, con il rodilegno e con altri due funghi (il Phaeoacremonium spp e il Phamoniella spp.)"* (Mastrogiovanni 2015).

In altre parole l'ingente quantità di chiome secche è dovuta principalmente al rodilegno giallo, mentre la Xylella fastidiosa è stata trovata solo in associazione al rodilegno e ad altri due funghi. Tuttavia secondo quanto previsto dalla UE la sola presenza di un batterio da quarantena è sufficiente per avviare la procedura di contenimento, di cui entità e misure sono esclusiva competenza del servizio fitosanitario nazionale e regionale. Nella fattispecie la Regione Puglia stabilisce l'estirpazione e l'adozione di fitofarmaci quali misure necessarie per arrestare l'estensione del contagio e per combattere i vettori di diffusione del batterio (Regione Puglia 29 ottobre 2013).

L'insieme di queste incongruenze che coinvolge i risultati delle analisi e le misure di

*Ulivi affetti da Xylella fastidiosa. www.lescienze.it*

intervento attirano l'attenzione della Procura di Lecce, che apre un fascicolo basato sul reato di diffusione colposa di malattia della pianta.

Le indagini trovano presto resistenza: lo IAMB, uno dei principali enti indagati, gode dell'immunità giuridica in quanto organismo intergovernativo, al quale la Repubblica Italiana riconosce privilegi di extraterritorialità. Politica e scienza sembrano seguire una linea d'azione poco chiara. L'inccerenza delle analisi e le relative misure di intervento prefigurano scenari cupi del quacro di partenza. Il contagio nel frattempo si estende a vista d'occhio: non solo alle piante, ma si travasa anche nel quadro delle istituzioni e nel disorientamento di cittadini e agricoltori.

*Attivisti in segno di protesta salgono su alberi d. ulivo prossimi all'espianto. goo.gl/1q⌄DE9 e goo.gl/√⅃ZPU5*

## 1.3 Xylella s.r.l.: estirpazioni e pesticidi

Lo scenario a cui oggi assistiamo deriva da notevoli discrepanze negli sviluppi e nella gestione dell'emergenza in corso. L'incertezza sull'interpretazione dei dati mette in discussione l'affidabilità delle agenzie locali. Le misure di contenimento sembrano essere superiori rispetto ai reali livelli di rischio, soprattutto nel preventivo impiego di insetticidi su piante non compromesse, azione che espone le specie vegetali ed i coltivatori a possibili intossicazioni.

È necessario a questo proposito aprire una breve parentesi: l'adozione di eradicazioni e pesticidi in risposta al contagio di Xylella è stata una manovra fortemente sconsigliata tanto dalla comunità scientifica internazionale, quanto dalle istituzioni locali e nazionali. Fra tutte la Commissione XIII Agricoltura della Camera dei Deputati imputa il disseccamento degli ulivi proprio all'utilizzo dei pesticidi. Questa individua, inoltre, la *"maggiore presenza di sintomi da disseccamento nei terreni che utilizzano in modo massiccio i disseccanti (...) e i fungicidi* [tra l'altro vietati]" (Camera dei Deputati 2014).

I sintomi di CODIRO dipendono tutt'al più da cause consuete e tradizionali. L'uso intensivo dei pesticidi, in concomitanza alle eradicazioni, ha alterato la microbiologia del sottosuolo con ricadute su più livelli della catena alimentare (EFSA 2015).

Come detto in precedenza, non solo gli alberi, ma anche i coltivatori corrono un grave rischio. La strategia fitosanitaria adottata ha ripercussioni sul sistema immunitario, sul sistema endocrino e sugli apparati neurologico e cognitivo. Appare quindi ancora più grave il continuo scarico di responsabilità da parte di SFR e Regione Puglia.

*Alberi di ulivo eradicati contro la Xylella fastidiosa. www.ilfoglio.it*

Alibi di tale comportamento è la direttiva europea 2000/29/CE, documento mirato alla protezione del territorio europeo dall'introduzione e dalla diffusione di organismi nocivi alle coltivazioni. All'interno de testo termini come eradicazione o distruzione sono indicati in associazione ai soli organismi da quarantena e alle piante di importazione che non rispettano le misure di prevenzione. Ma allora perché imputare all'UE strategie per le quali non ha mai espresso volontà, atti o sentenze specifiche e univoche?

A rispondere è la giornalista pugliese Maria Luisa Mastrogiovanni tramite il libro inchiesta "Xylella Report", nel quale si legge che la delibera 2000/29/CE *"parla ancora di 'distruzione' delle piante infette quando elenca 'e misure necessarie per avere il rimborso del 50% delle spese sostenute"* (Mastrogiovanni 2015) per l'attuazione della strategia di contenimento. Questo vuol dire che *"una Regione può richiedere il rimborso dei costi sostenuti per eradicare un organismo pericoloso"* (Mastrogiovanni 2015). Fra le principali voci di rimborso si trovano operazioni di distruzione e disinfestazione, le ispezioni oppure i divieti e le limitazioni dell'impiego di substrati di coltivazione (Direttiva 2000/29/CE). In altre parole *"più si distrugge, più si disinfesta, più si fanno ispezioni, analisi, esperimenti, monitoraggi, e più soldi arrivano dalla Ue"* (Mastrogiovanni 2015). Nel caso in cui un altro Paese membro sia a rischio contagio il tetto del rimborso può aumentare fino al 100% della spesa sostenuta. Detto fatto: la Corsica ha rintracciato tracce di Xylella Fastidiosa sul proprio territorio. Regione Puglia e agenzie coinvolte sono pronte ad accogliere fiumi di denaro nelle proprie casse, di cui coltivatori e cittadini vedranno solo i mesti effetti. Ecco la nascita di un vero e proprio "sistema" che in questo caso è una antiecologia rispetto a quella su cui il territorio fondava i suoi valori ambientali, antropologici e sociali

Maria Luisa Mastrogiovanni, www.lecceprima.it

Copertina Xylella Report, www.xylellareport.it

## 1.4 Un cuore di pietra

*"Sono almeno un paio gli elementi che contraddistinguono il paesaggio salentino: uno è di ordine vegetale e riguarda l'albero d'ulivo così estesamente presente da infoltire antiche foreste che si perdono a vista d'occhio; l'altro è di ordine morfologico e riguarda la roccia calcarea che (...) affiora così tanto da non lasciare il minimo spazio al terreno coltivabile, conferendo all'ambiente un senso di diffusa aridità e di pregnante ostilità a qualsiasi (apparente) forma di vita"* (Barletta 2009).

Uliveto secolare nei pressi di Galatina (Le), www.ilmiosalento.com

Dietro alle innumerevoli piantumazioni di ulivi del Salento, oggi così messe a rischio, vi è quindi un terreno particolarmente pietroso, un dato fondamentale per capire più a fondo i processi sistemici che caratterizzano il territorio. Per poter mettere a coltura i terreni fu necessario, a cominciare dai tempi antichi, dissodare il terreno: togliere lo strato pietroso superficiale. Solo dopo questa opera era possibile far attecchire le colture.

*"Per un innato senso del riuso (l'uomo) ha raccolto le pietre divelte (...) le ha accumulate in un angolo (...) per comporre una geometria di muretti (...) oppure per costruire dimore rurali come le pagghiare"* (Barletta 2009).

Il paesaggio delle pietre tra Otranto e S. Cesarea Terme, Costantini 2017

*Pajara nella campagna salentina, Costantini 2017*

*Esempio di pajara sulla costa, Barletta 2009*

*Muretti a secco lungo un percorso rurale, Barletta 2009*

*Esempio di aja, architettura di supporto necessaria alla lavorazione del grano, Barletta 2009*

L'architettura delle pietre a secco così presente nella regione è quindi diretta conseguenza delle necessità specifiche delle colture agricole: il materiale ottenuto dal dissodamento veniva utilizzato - in una ovvia economia circolare - come materia prima per la costruzione di strutture e infrastrutture a supporto della coltivazione. È evidente come la natura calcarea del territorio abbia inciso profondamente sui criteri di antropizzazione, che se per una fase era in sostanziale equilibrio con il processo di produzione agricola, ha progressivamente perso il suo equilibrio attraverso la sempre più massiccia e indiscriminata attività estrattiva.

## 1.5 Ecologia Salento a rischio

Campi coltivati cinti da muretti a secco dai quali spuntano sporadiche costruzioni in pietra è una delle immagini tipiche del paesaggio pugliese. Meno visibili e altrettanto distintive sono invece le cave, parte importante dell'economia locale. Tuttavia la situazione estrattiva nella Regione Puglia appare disomogenea, sia per i tipi di materiale estratto, i quali cambiano sensibilmente dal Gargano al Salento, sia per la qualità e lo sviluppo dei processi di estrazione.

**Legenda**
- 0 - 50.000
- 50.001 - 100.000
- 100.001 - 500.000
- 500.001 - 2.200.000

| PROVINCIA | N° CAVE | % SUL TOTALE | Kmq/CAVA |
|---|---|---|---|
| Bari | 281 | 11,1% | 13,7 |
| BAT | 326 | 12,9% | 4,7 |
| Brindisi | 266 | 10,5% | 7,0 |
| Foggia | 324 | 12,8% | 21,6 |
| Lecce | 858 | 34,0% | 3,3 |
| Taranto | 467 | 18,5% | 5,3 |
| TOTALE | 2.522 | 100,0% | 7,7 |

*Distribuzione geografica ed estensione delle cave attive nel territorio regionale, Regione Puglia 2012 - 2013*

*Cave dismesse in Puglia al 31/12/2015, Regione Puglia 2014-2015*

Fra tutte, la provincia di Lecce accoglie lo scenario più critico. *"Al riguardo è evidente una maggiore concentrazione di cave dismesse sia in termini assoluti, sia in termini relativi rispetto all'estensione del territorio, nella Provincia di Lecce"* (Regione Puglia 2014-2015). A dicembre 2015 in Puglia si contano 2522 cave dismesse, di cui ben 858 solo nella provincia di Lecce, il 34% sul totale regionale (Regione Puglia 2014-2015). Qui l'attività estrattiva si è trasformata in un'azione invasiva e deturpante per l'intero territorio.

Caso emblematico è il Bacino estrattivo di Calcarenite di Cursi - Melpignano - Corigliano d'Otranto - Maglie - Castrignano dei Greci, culla della Pietra Leccese e maggiore polo estrattivo dismesso, di cui oltre ci occuperemo, le cui superfici sono ancora segnate dai solchi ortogonali dei tagli per l'estrazione.

| Provincia | Estrazione 2011 (mc) | Estrazione 2012 (mc) | Estrazione 2013 (mc) | Estrazione 2014 (mc) | Var 2013-2014 |
|---|---|---|---|---|---|
| Bari | 2.066.647,65 | 1.300.955,50 | 1.279.994,62 | 1.326.726,88 | +3,7% |
| BAT | 1.429.268,63 | 1.248.397,00 | 930.794,00 | 977.780,00 | +5,0% |
| Brindisi | 788.645,86 | 677.483,02 | 690.695,00 | 929.522,00 | +34,6% |
| Foggia | 3.123.909,65 | 2.180.852,25 | 2.002.368,82 | 1.294.728,12 | -35,3% |
| Lecce | 2.640.024,02 | 2.017.398,00 | 2.089.616,50 | 1.871.094,81 | -10,5% |
| Taranto | 2.944.381,49 | 2.536.511,00 | 2.458.762,00 | 1.948.323,00 | -20,8% |
| Totale | 12.992.877,30 | 9.931.596,77 | 9.452.230,94 | 8.348.174,81 | -11,7% |

*Materiale estratto dal territorio pugliese 2011-2012-2013-2014 per Provincia, Regione Puglia 2014-2015*

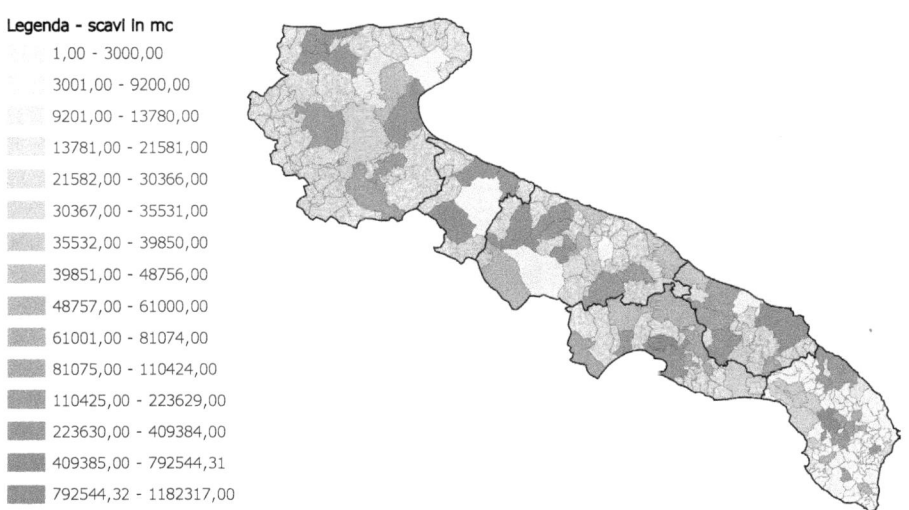

**Legenda - scavi in mc**
- 1,00 - 3000,00
- 3001,00 - 9200,00
- 9201,00 - 13780,00
- 13781,00 - 21581,00
- 21582,00 - 30366,00
- 30367,00 - 35531,00
- 35532,00 - 39850,00
- 39851,00 - 48756,00
- 48757,00 - 61000,00
- 61001,00 - 81074,00
- 81075,00 - 110424,00
- 110425,00 - 223629,00
- 223630,00 - 409384,00
- 409385,00 - 792544,31
- 792544,32 - 1182317,00

*Scavi effettuati nel corso del 2014, Regione Puglia 2014-2015*

Alquanto critico è anche il quadro produttivo, oggi in forte decrescita, non solo per il bacino in questione, ma nell'intera provincia. Solo fra il 2013 e il 2014 l'estrazione di materiale cala del 10,5%, circa 800.000 mc in meno fra il 2011 e il 2014 (Regione Puglia 2014-2015).

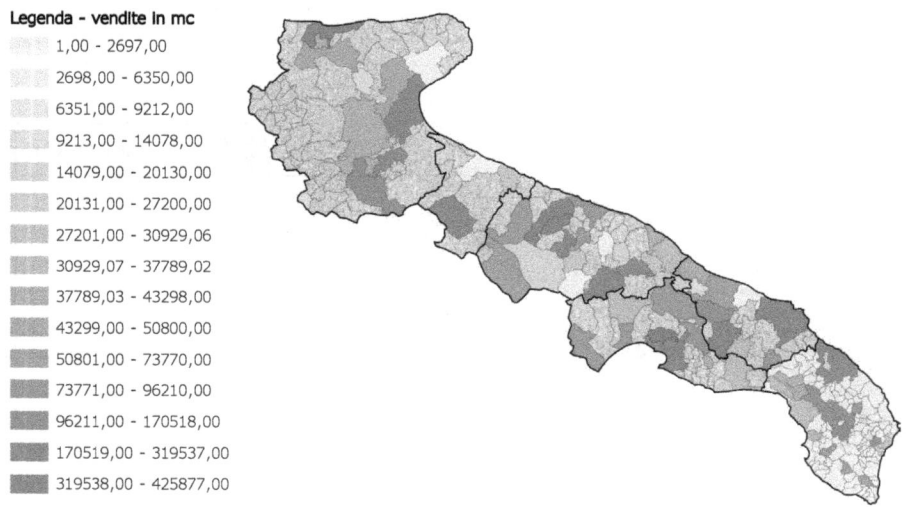

**Legenda - vendite in mc**
- 1,00 - 2697,00
- 2698,00 - 6350,00
- 6351,00 - 9212,00
- 9213,00 - 14078,00
- 14079,00 - 20130,00
- 20131,00 - 27200,00
- 27201,00 - 30929,06
- 30929,07 - 37789,02
- 37789,03 - 43298,00
- 43299,00 - 50800,00
- 50801,00 - 73770,00
- 73771,00 - 96210,00
- 96211,00 - 170518,00
- 170519,00 - 319537,00
- 319538,00 - 425877,00

*Vendite di materiale di cava nel corso del 2014 per provenienza, Regione Puglia 2014-2015*

L'Ecologia del Salento, come già scritto in precedenza, si ritrova al centro di un'incessante lacerazione fra deturpazioni agricole da una parte e azione estrattiva incontrollata dall'altra. Si tratta di uno scenario che richiede una inversione di tendenza, al fine di comprendere in un quadro contemporaneo gli equilibri che per secoli hanno tenuto assieme cave e agricoltura.

*Foto bacino estrattivo B3 all'interno del polo estrattivo di Cursi-Melpignano, SIT&A 2014*

| Provincia | Estrazione 2014 (ha) | Estrazione 2015 (ha) | Var 2013-2014 | % sul totale 2015 |
|---|---|---|---|---|
| Bari | 559,6203 | 641,5106 | -2,75% | 1.279.994,62 |
| BAT | 378,1962 | 390,4889 | +3,25% | 1.279.994,62 |
| Brindisi | 211,3368 | 300,2321 | +42,06% | 1.279.994,62 |
| Foggia | 577,0950 | 527,0729 | -8,67% | 1.279.994,62 |
| **Lecce** | **771,9108** | **756,3074** | **-2,02%** | **2.089.616,50** |
| Taranto | 860,2015 | 855,2852 | -0,57% | 1.279.994,62 |
| Totale | 3.458,3606 | 3.470,8971 | +0,36% | 1.279.994,62 |

*Estensione cave autorizzate al 31/12/2015, Regione Puglia 2014-2015*

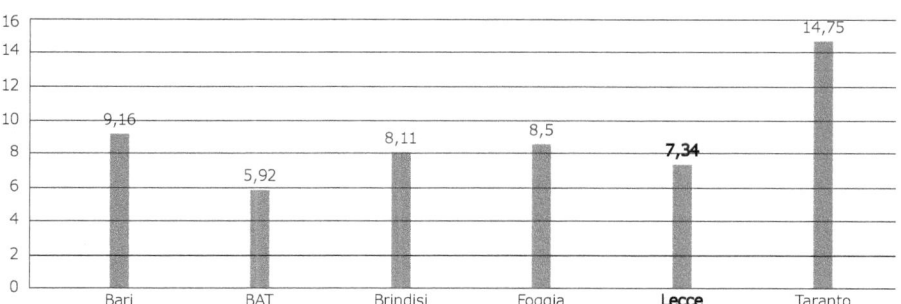

*Indicatore: Estensione media delle cave autorizzate per Provincia (ha) al 31/12/2015, Regione Puglia 2014-2015*

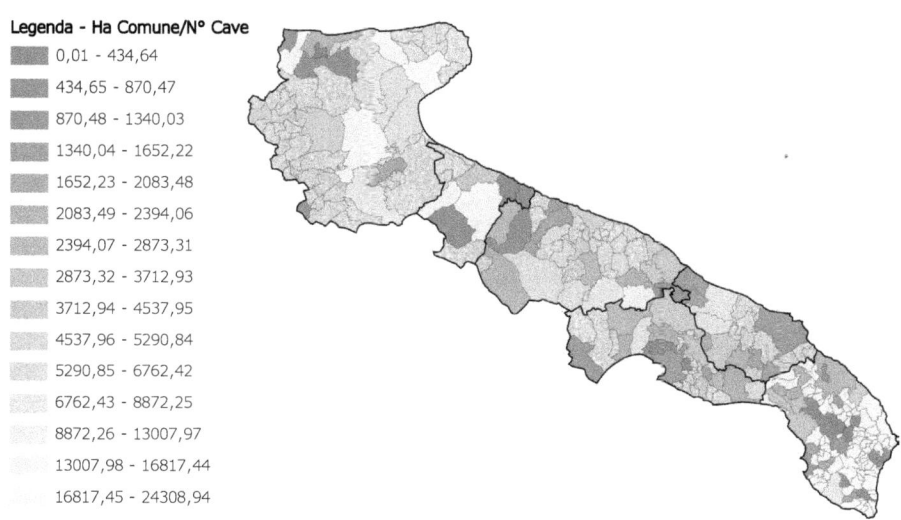

**Legenda - Ha Comune/N° Cave**
- 0,01 - 434,64
- 434,65 - 870,47
- 870,48 - 1340,03
- 1340,04 - 1652,22
- 1652,23 - 2083,48
- 2083,49 - 2394,06
- 2394,07 - 2873,31
- 2873,32 - 3712,93
- 3712,94 - 4537,95
- 4537,96 - 5290,84
- 5290,85 - 6762,42
- 6762,43 - 8872,25
- 8872,26 - 13007,97
- 13007,98 - 16817,44
- 16817,45 - 24308,94

*Ettari per ogni cava autorizzata al 31/12/2015, Regione Puglia 2014-2015*

*Google Map, Immagine satellitare del bacino estrattivo di Cursi-Melpignano, 2018*

# 2. STRATEGIE ECOLOGICHE

## 2.1 La quarta legge dell'ecologia

La mancanza di disciplina nell'azione dell'uomo verso il territorio *"ha compromesso straordinariamente i processi circolari della natura trasformandoli in processi lineari"* (Carrà 2001). Il drammatico sradicamento degli ulivi, l'abuso dei pesticidi e la indiscriminata attività estrattiva hanno messo a rischio le risorse fondamentali di queste terre. L'aspetto che accomuna i diversi fenomeni in corso è la totale elusione della 'quarta legge dell'ecologia', definita dall'ecologo statunitense Barry Commoner, secondo cui *"ogni prelievo di risorse dall'ambiente è un debito che si contrae con la natura e pertanto deve essere saldato"* (Carrà 2001). Le parole di Commoner suggeriscono un sostanziale risarcimento verso l'ecosistema Salento, da operare sia a livello locale sia a livello globale per fornire una strategia operativa che faccia tesoro della millenaria sinergia fra cave e agricoltura e che ne cerchi il senso attraverso nuove progettualità.

Barry Commoner,
http://snarglr.com/

## 2.2 Ecologia, cave, agricoltura

Rinnovare i processi ecologici di un territorio significa, innanzitutto, rinnovare l'insieme delle strutture cicliche del sistema indagato. In tal senso gli strumenti per operare, per innescare nuove soluzioni e progetti, non sono solo una prerogativa della tecnica, ma devono derivare anche dalla sfera cognitivo-culturale di ciascun individuo e comunità consapevole. Non bisogna dimenticare, infatti, che il Salento è presidio della memoria storica del pensiero sistemico, culla del solidale rapporto fra risorse agricole e risorse minerarie. In entrambi i casi il suolo gioca un ruolo costitutivo. Due sono allora le linee d'azione che possono permettere una nuova sintesi fra cave e agricoltura. La prima si può identificare nel termine "agricoltura sostenibile", espressione tramite cui *"si intende il*

*rispetto dei criteri di sostenibilità nella produzione agricola e agroalimentare privilegiando quei processi naturali che consentono di preservare la 'risorsa ambientale'"* (www.idaic.it).
Gli obiettivi di tale approccio sono:
1. Reddito equo dell'agricoltore
2. Tutela della salute dell'operatore agricolo
3. Conservazione nel tempo della fertilità del suolo
4. Conservazione nel tempo delle risorse ambientali

*"Oggi in Italia sono numerosi i distretti agrari dedicati all'agricoltura sostenibile e legati alla morfologia del terreno"* (www.idaic.it). In Puglia possiamo trovare un altissimo numero di viticoltori biologici che lavorano secondo gli indirizzi dell'agricoltura sostenibile: *"si occupano di interventi conservativi del suolo (...) della conservazione della biodiversità vegetale; (...) vietano forme di distruzione del suolo e del rapporto con i banchi calcarei sottostanti attraverso forme di spietramento e macinazione dei banchi calcarei stessi"* (www.idaic.it).

La seconda linea d'azione è rivolta al complesso delle aree estrattive dismesse. Su questo fronte sono di particolare interesse le linee di azione previste per il Bacino estrattivo di Cursi - Melpignano. Questo è oggi regolamentato da un Piano particolareggiato, la cui struttura si articola attorno a specifici obiettivi di sostenibilità ambientale che dettano, come segue, specifiche finalità in base al sistema ambientale indagato. È utile analizzarle perchè la proposta progettuale Rural paths si inserisce come esemplificazione all'interno delle linee di questo Piano. Eccole in sintesi per settori e criticità:

ARIA
- Ridurre le emissioni di inquinanti atmosferici

ACQUA
- Tutelare le risorse idriche superficiali sotterranee

SUOLO
- Promuovere un uso sostenibile del suolo, con particolare attenzione alla prevenzione di fenomeni di erosione, contaminazione, desertificazione
- Proteggere la qualità dei suoli quale risorsa limitata e non rinnovabile per la produzione di cibo e altri prodotti e come ecosistema degli organismi viventi

- Contenere il consumo di suolo aumentando le superfici permeabili

RIFIUTI
- Ridurre la produzione di rifiuti
- Incrementare il recupero e i riciclaggio dei rifiuti

RUMORE
- Ridurre l'inquinamento acustico

NATURA E BIODIVERSITÀ
- Limitare la perdita della biodiversità, valorizzando le specie e gli habitat presenti
- Individuare, salvaguardare e potenziare la rete dei corridoi ecologici

ENERGIA
- Promuovere il ricorso a fonti energetiche rinnovabili, nell'ottica del risparmio e dell'efficienza energetica

PAESAGGIO E TERRITORIO
- Recuperare i paesaggi degradati a causa di interventi antropici
- Tutelare e qualificare il patrimonio archeologico, architettonico, storico-artistico e paesaggistico ed incentivarne la fruizione sostenibile
- Favorire politiche territoriali per il contenimento della frammentazione delle aree naturali e dei relativi impatti sulla biodiversità

(SIT&A 2014, Allegato 7, p. 127).

L'efficacia di tale metodo deriva dall'azione sinergica delle strategie proposte, aspetto che implica un approccio multidisciplinare nella risoluzione della crisi in atto. Tale considerazione rende necessaria l'introduzione di un terzo livello di operatività in grado di coniugare in un unico termine campi e discipline diverse volte alla salvaguardia dell'ambiente e del suo

*Bill Mollison,*
*https://permacultureprinciples.com/*

territorio. La chiave è nella "permacultura", metodo nato negli anni Settanta dal lavoro di Bill Mollison e il cui scopo è integrare il benessere della Terra con quello delle persone tramite il supporto di strategie legali e finanziarie. Da qualche anno tali concetti stanno prendendo piede anche in Italia, in particolare nel recupero di alcuni modi e forme della civiltà contadina. La struttura operativa della permacultura si articola attorno a sette principi etici e progettuali, riferimento per la successiva strategia programmatica.

Come si vede anche nello schema, i principi sono:
- Gestione della terra e della natura: giardinaggio bio-intensivo, agricoltura biologica, agro-silvicoltura;
- Ambiente costruito: case solari passive, materiali da costruzione naturali, raccolta e riutilizzo dell'acqua;
- Strumenti e tecnologia: riutilizzo e riciclaggio, produzione di energia rinnovabile;
- Cultura ed educazione: ecologia sociale ricerca e azione;
- Salute e benessere spirituale: spirito del luogo;
- Finanza ed economia: agricoltura supportata dalla comunità, wwoof (world-wide opportunities on organic farms);
- Possesso della terra e comunità: cohousing, open space technology.

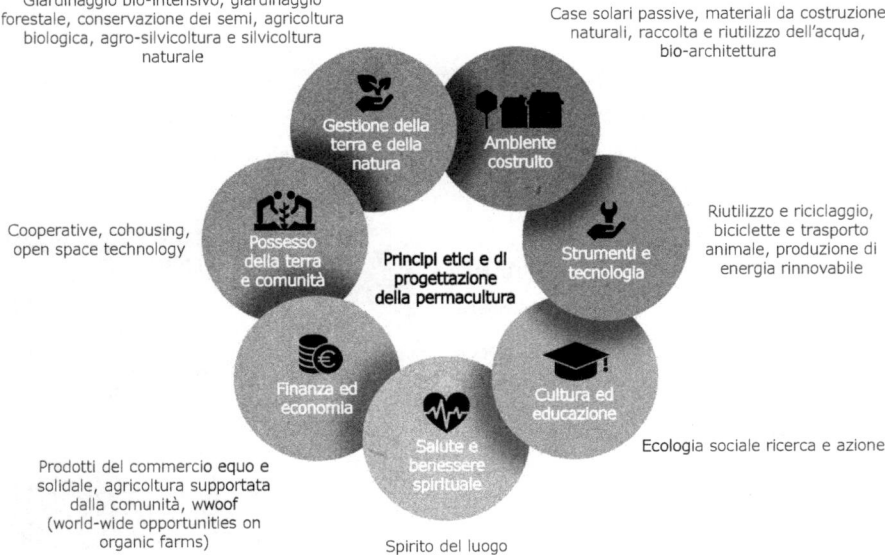

Fiore della permacultura, Holmgren 2013, rielaborazione a cura dell'autore

## 2.3 Strategie programmatiche

Il bacino estrattivo di Cursi - Melpignano su cui ci concentriamo a livello esemplificativo, come dicevamo è al tempo stesso risorsa agricola e mineraria, ed è questo doppio carattere che ha guidato l'intervento proposto nel Piano Particolareggiato del Bacino di Calcarenite di Cursi - Melpignano - Corigliano d'Otranto - Maglie - Castrignano dei Greci (Area PRAE 4/BPP). Nello specifico il piano concentra alcune importanti scelte nell'area descritta dal comparto estrattivo Nord Est, per il quale sono previste misure di tutela e di valorizzazione, riferite agli ambiti di evidente pregio storico e ambientale e interventi di rifunzionalizzazione, volti al recupero dei bacini estrattivi ormai prossimi all'esaurimento dell'attività di estrazione.

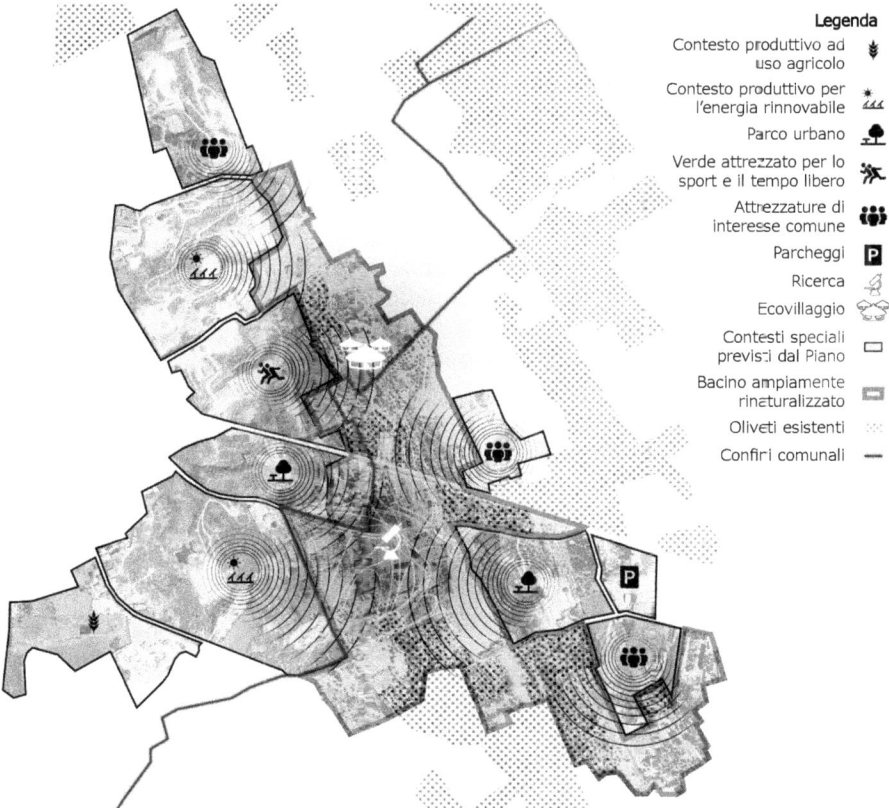

*Rural paths: strategie programmatiche nel comparto estrattivo Nord Est*

Formulare scenari nuovi e sostenibili richiede, quindi, una struttura programmatica in cui sintetizzare portato e metodi della permacultura assieme a obiettivi e indirizzi del piano. Due parole chiave caratterizzano l'operazione, due parole che condensano le scelte ecologiche, paesaggistiche e architettoniche:
- "Eco villaggio": ambito della sperimentazione del nuovo vivere rurale, estensione dei concetti fondativi della permacultura;
- "Ricerca": ambito della sperimentazione agro-ecologica e fitosanitaria, votato alla costruzione di un nuovo e condiviso *know-how* agricolo.

I due aspetti rappresentano un primo livello di una strategia ancora più complessa, che punta a combinare pubblico e privato all'interno di un sistema che si muove dal paesaggio all'architettura attraverso cinque categorie. Sviluppare ulteriormente tali aspetti vuol dire avere piena coscienza di come grazie alle caratteristiche di *Rebuilding Nature*, *Infrastructuring*, *Producing*, *Exchange* e *Living* si possano integrare e strutturare ancora di più le linee guida del piano (usiamo la terminologia che deriva dal libro *Roma a venire* 2009).

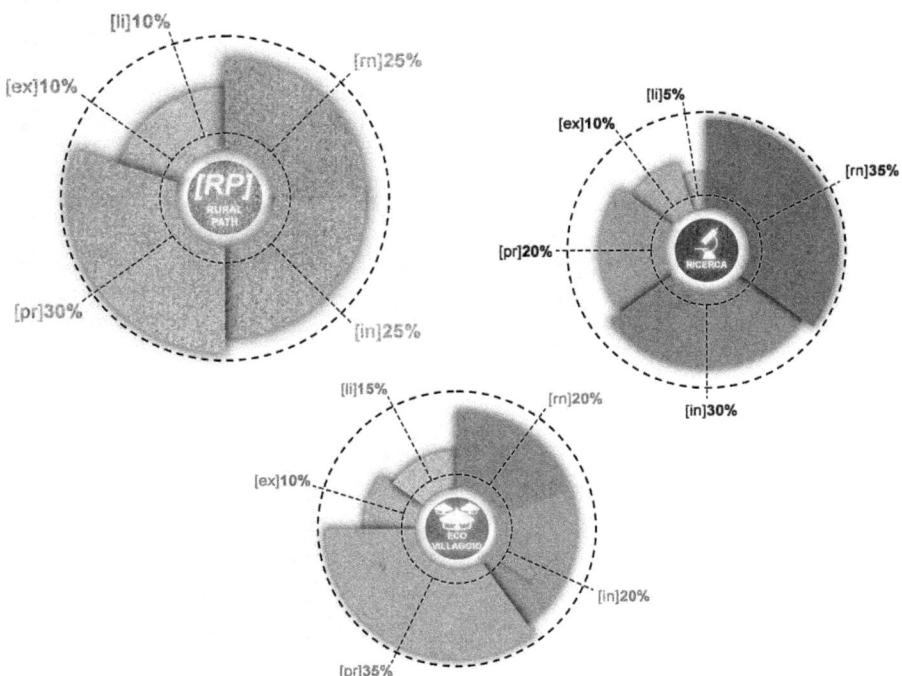

*Rural paths: diagrammi percentuali delle categorie di mixité all'interno del progetto*

## REBUILDING NATURE [rb]

I progetti contemporanei dovrebbero instaurare nell'esistente una nuova consapevolezza ambientale, soprattutto in un contesto compromesso come quello salentino. In tal senso il piano particolareggiato opera decisioni chirurgiche sull'ambiente e il territorio: la gestione dei rifiuti, la fitodepurazione, lo sviluppo delle energie rinnovabili sono solo alcune delle operazioni previste. La permacultura costituisce un tassello fondamentale per la ricostituzione della biodiversità locale, in particolare per la conversione delle aree estrattive in risorsa ambientale per cittadini e per l'ecologia dell'intera provincia, nonché per lo sviluppo di forme di coltivazione sostenibili quali silvicoltura e agro-silvicoltura, tramite cui riprogettare il paesaggio e innescare nuove ciclicità al tempo stesso.

## INFRASTRUCTURING [in]

Città e paesaggio devono oggi ritrovare un processo di rigenerazione del territorio, al centro del quale è strategica l'infrastruttura. In questo senso cave e campi agricoli forniscono una traccia per lo sviluppo di un complesso sistema di percorsi che accolgono flussi e modelli di mobilità alternativi: piste ciclopedonali ed equestri intercettano la capillare rete dei percorsi rurali, infrastruttura sostenibile tramite cui vivere il paesaggio salentino. Tale strategia si estende anche ai tracciati carrabili, per i quali la ricerca tecnologica offre soluzioni molto interessanti come pavimentazioni fotocatalitiche e piezoelettriche.

## PRODUCING [pr]

In un momento di forte crisi economica il progetto contemporaneo deve poter liberare un potenziale produttivo. A tale scopo il ciclo agricolo è una risposta attuabile: la Puglia, infatti, detiene ben il 16,8% delle aziende agricole nazionali, nonché il 40% dell'intero Mezzogiorno. All'interno di questo quadro la provincia di Lecce vanta il primato regionale (oltre il 26%), con l'ulivo quale coltura di punta. Tali dati sottolineano ancora una volta il peso della crisi fitopatologica. Questa considerazione rende quanto mai necessari spazi rivolti alla ricerca di opportune cure e strategie di intervento come laboratori fitosanitari e comparti agricoli per la sperimentazione di colture resilienti (Provincia di Lecce 2013).

## EXCHANGE [ex]

L'imprinting rurale deve potersi esprimere anche all'interno di strategie economico-finanziarie. In questo senso i mercati contadini periodici ed i servizi di ristorazione sono una strada possibile nella promozione dell'agricoltura locale e dei suoi prodotti. Non solo: la sempre maggiore disoccupazione e la scarsità di manodopera specializzata fanno del *know-how* agricolo una qualità sempre più rara. A tal proposito diventano necessari spazi didattici condivisi all'interno dei quali sviluppare attività formative sulle principali pratiche agricole, tradizionali e non, al fine di costruire un nuovo legame culturale fra il mondo rurale e le nuove generazioni.

LIVING [li]
Attività di ricerca, cicli agricoli e turismo sono solo alcune delle forme tramite cui uomo e territorio entrano in contatto. Ognuna di queste suggerisce diversi modi di vivere lo spazio rurale, con la possibilità di sperimentare forme aggregative flessibili, senza rinunciare a soluzioni tipiche della tradizione contadina. Modelli residenziali autosufficienti si alternano ad alloggi temporanei. L'obiettivo è suggellare la nuova alleanza fra uomo e natura.

2.4 Esempi virtuosi

Attraverso *Come vivere con gli altri senza essere nè servi nè padroni* Yona Friedman, architetto e designer naturalizzato francese, anticipa di oltre quaranta anni lo scenario critico in cui riversa il mondo contemporaneo, *"un nuovo assetto conseguente alla dissoluzione delle grandi organizzazioni, all'esaurimento delle risorse, e all'impossibilità della comunicazione universale"* (Bocco, Bunčuga 2018). Tali condizioni porterebbero l'uomo verso una *"rapida transizione (e ritorno) a un'economia fondata su gruppi locali a più basso livello di specializzazione, che adoperano tecnologie più semplici, e quindi costruiscono micro-società più resilienti"* (Bocco, Bunčuga 2018).
Il libro di Friedman costituisce il primo tassello della teoria della sopravvivenza, secondo la quale l'uomo, incapace di ascoltare e di applicare i consigli dei "saggi", trova nella misura la propria indicazione basilare: *"la penuria insegnerà ben presto agli abitanti della terra come mettere in atto queste misure, non appena la necessità si farà presente"* (Friedman 2009). Un ripensamento dunque in chiave attuale anche di economie circolari e di uso attento delle risorse quale risposta alle necessità e ai bisogni dell'uomo contemporaneo.
In tal senso è importante capire quali siano i paradigmi su cui il progetto architettonico e urbano debba basarsi per rispondere in maniera efficace ed efficiente a quel lungo momento di crisi che vive da anni il Salento.

Il termine necessità, oggi così centrale, *"muove l'uomo di campagna nella realizzazione della sua dimora ed è quindi possibile individuare nella logica costruttiva rurale gli stessi presupposti che oggi risultano preponderanti"* (Amore 2016). Di fatto il pensiero rurale determina ogni azione con pragmatica analiticità, si misura costantemente con le risorse e gli strumenti a disposizione, opera attraverso logiche cicliche di causa-effetto.

Ma qual è il vero significato del termine rurale?

Come ricorda l'architetto e dottore di ricerca Francesca Amore in *Razionalità Rurale*

*Alex MacLean, Brooklyn Grange, New York*

*Alex MacLean, Les Courtillières, Pantin, Paris*

*"sebbene la parola risalga etimologicamente al latino ruralis, derivato di rus ruris, e quindi ciò 'che è della campagna o in generale che ha relazione con la campagna', questa si è arricchita nel tempo di una serie di declinazioni. Una questione al centro del dibattito contemporaneo è certamente il rapporto tra città e campagna, anche se ciò sembra essere un elemento per certi versi molto fragile e forse poi non così fondante"* (Amore 2016). Di fatto il concetto di rurale, dati i numerosi livelli coinvolti, non può ridursi a sole indagini geografiche. Da questo derivano infatti strutture sociali, schemi produttivi, impianti economici, nonché specifiche relazioni con l'ambiente nel quale si opera.

Nel 1988 la Commissione della Comunità Economica Europea propone una nuova e difinitiva nozione del termine attraverso il documento *Il futuro del mondo rurale*. All'interno si legge: *"le nozioni di spazio e di mondo rurale vanno ben oltre una semplice delimitazione geografica* [come affermato in precedenza] *e si riferiscono a tutto un tessuto economico e sociale comprendente un insieme di attività alquanto diverse (...) agricoltura, artigianato, piccole e medie industrie, commerci, servizi"* (Commissione delle Comunità Europee 1988). Ciò che tale documento propone non è un disegno politico, ma un modello, un atteggiamento di valore comunitario e di carattere territoriale.

Alex MacLean, Worcester Street Community Garden, Boston

Grazie a questa "nuova" consapevolezza è possibile ridurre la forbice tra metropoli e campagna, anzi si sta già riducendo in favore di nuovi equilibri che prendono a modello alcuni caratteri del mondo rurale, un aspetto che riporta la questione ecologica in chiave urbana ineluttabilmente al centro del dibattito contemporaneo.

Tale fenomeno ha sensibilmente influenzato anche l'architettura odierna all'interno della quale è possibile riconoscere almeno tre grandi famiglie di interventi che, per il livello di adesione al contesto, per il tipo di rapporto instaurato con le strutture sociali esistenti e per la centralità del momento agricolo, sono molto vicine al pensiero rurale. Vediamone alcuni esempi.

Una prima famiglia di interventi riguarda la valorizzazione dell'imprinting rurale di quelle aree o contesti in cui il rapporto fra uomo, agricoltura e territorio è oggi perso o compromesso.

Esempio significativo è il Viet Village Urban Farm a New Orleans, uno storico villaggio vietnamita che, in seguito alla devastazione subita dall'uragano Katrina nel 2005, è stato completamente ridisegnato nel progetto di Spackman Mossop + Micheals. Scopo dell'intervento è appunto il ripristino della tradizione agricola del villaggio attraverso la realizzazione di nuovi orti, di un mercato coperto e di piccoli appezzamenti per la produzione familiare.

*Viet Village Urban Farm, Spackman Mossop+Michaels, New Orleans 2007*

*Viet Village Urban Farm, Spackman Mossop+Michaels, New Orleans 2007*

Nello Shenyang Architectural University Campus di Turenscape, invece, la valorizzazione della tradizione rurale è occasione di riflessione sul rapporto fra il paesaggio produttivo e l'ambiente urbano. Il progetto, sorto su una ex area destinata alla coltivazione del riso, sviluppa il tema del campus universitario in chiave agricola con la gestione della terra e la partecipazione degli studenti ai processi di coltivazione. Si viene a generare così un nuovo paesaggio per metà produttivo e per metà scientifico di grande interesse.

*Shenyang Architectural University Campus, Turenscape, Shenyang City, Liaoning, Cina 2004*

Shenyang Architectural University Campus, Turenscape, Shenyang City, Liaoning, Cina 2004

Il Golden Rice è simbolo dell'università e della possibilità di creare paesaggi a metà produttivi e a metà scientifici

Un secondo tipo di approccio riguarda quelle aree che per qualità ambientale, rilevanza dei valori paesaggistici e ricchezza delle risorse sono diventate parchi urbani e giardini tematici. In tal senso lo Shelby Farms Park a Memphis è un progetto esemplificativo, con oltre 1800 ettari suddivisi in specifiche "stanze paesaggio". Il parco è organizzato in un ampio programma che comprende frutteti, un lago per attività sportive, pascoli, aree per lo sviluppo di energie rinnovabili, nonchè attività di ricerca, sperimentazione e divulgazione circa le principali e più recenti tecniche di coltivazione.

*Shelby Farms Park Master Plan, James Corner Field Operations, Memphis 2008*

La suddivisione in stanze permette di affiancare zone ricreative, tipiche del parco urbano, a zone più agricole o naturali *"al fine di condurre i visitatori, attraverso un attento studio degli accessi e dei percorsi interni, a sperimentare un utilizzo diverso e innovativo del parco pubblico"* (Lotus International, p. 31).

*Shelby Farms Park Master Plan, James Corner Field Operations, Memphis 2008*

Summer Park a Governors Island di Michel Desvigne Paysagiste sviluppa temi di sostenibilità ambientale, produzione agricola e attività didattiche attraverso un ricco pattern di orti, campi, giardini, aree boschive e spazi aperti, qui intesi come "*laboratori per lo scambio, l'apprendimento e la produzione alimentare o energetica in supporto alla vita urbana*" (Lotus International, pp. 47-49).

*Summer Park, Governors Island, MDP Michel Desvigne Paysagiste, New York 2007*

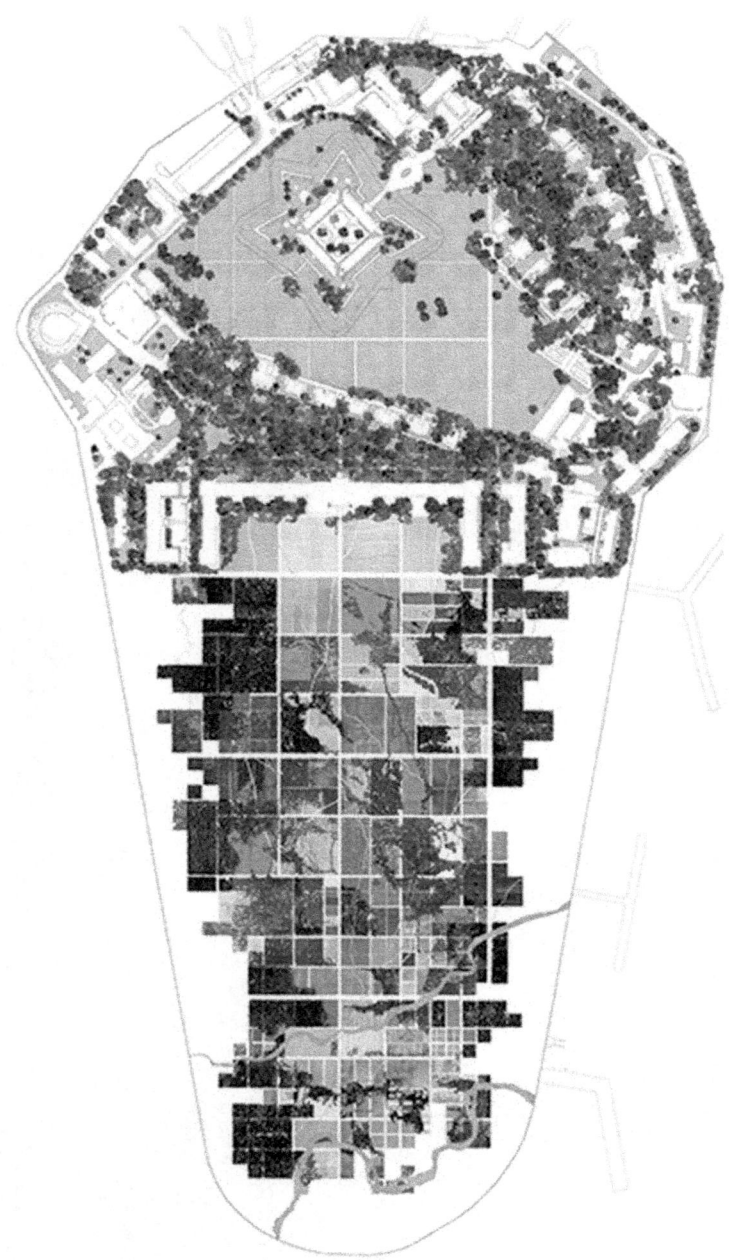

*Summer Park, Governors Island, MDP Michel Desvigne Paysagiste, New York 2007*

Due esperienze molto significative sono Boscoincittà e Parco delle Cave a Milano. Entrambi gli interventi operano una profonda valorizzazione della cintura urbana esistente, costituita da natura, aree agricole e infrastruttura, attraverso tecniche agro-forestali. La cittadinanza è parte attiva nel progetto, con un sostanziale supporto che va dalla prima bonifica delle aree sino allo sviluppo dei progetti di dettaglio. Il pensiero rurale si fa strategia di ricucitura fisica e sociale degli spazi marginali della città.

*Boscoincittà e Parco delle Cave, Carlo Masera + CFU Italia Nostra Onlus, Milano 1974-2009*

1. Parco di Trenno
2. grandi radure ludico ricreative/large recreational clearings for play
3. canale deviatore Olona/Olona distributary

*aree agricole/agricultural areas:*
4. common Cascina Megherà risaie/Cascina Melghera common rice paddies
5. common Figino: colture in rotazione e fioriture campestri/Figino common: crops in rotation and wildflowers
6. common Cascina Caldera: colture in rotazione e fioriture campestri/Cascina Caldera common: crops in rotation and wildflowers
7. common Cascina Linterno: marcite/Cascina Linterno common: water meadows
8. orti urbani/urban vegetable gardens

*corridoio ecologico/ecological corridor:*
9. boschi umidi/moist woodland
10. lago artificiale/artificial lake
11. boschi mesofili/temperate woodland
12. area gioco natura/natural play area
13. area naturalistica delle cave/naturalistic area of the pits
14. zona umida/wetland
15. laghi di cava/pit lakes

*giardini tematici/themed gardens:*
16. giardino d'acqua/water garden
17. giardino di fiori/flower garden
18. giardino di frutta/orchard

*attrezzature e servizi/facilities and services:*
19. Cascina storica San Romano, sede CFU, portici delle feste/San Romano historic farmhouse: CFU offices, festival porticos
20. aree di ristoro/refreshment areas
21. imbarcadero/landing stage
22. centro equestre/riding center
23. teatro all'aperto Aurora/Aurora open-air theater
24. aree pic-nic/picnic areas
25. campi sportivi/sports fields

— risaie/rice paddies
— prati stabili e colture in rotazione/permanent meadows and crops in rotation
— marcite/water meadows
— tappeti erbosi irrigati a scorrimento/surface-irrigated grassland
≈ tappeti erbosi irrigati a pioggia/sprinkler-irrigated grassland

*Boscoincittà e Parco delle Cave, Carlo Masera + CFU Italia Nostra Onlus, Milano 1974-2009*

Una terza area tematica ripropone l'estetica tipica dei contesti rurali all'interno di operazioni di riqualificazione e riconfigurazione paesaggistica.

Interessante traduzione di tale approccio è il progetto di riqualificazione della stazione di trattamento delle acque nella valle dell'Alcantara (Lisbona) ad opera di PROAP. L'intervento vuole riconnettere visivamente ed ecologicamente lo stabilimento con il territorio circostante, dalla forte vocazione agricola, attraverso una copertura verde che, nel disegno, richiama il pattern tipico del paesaggio agricolo circostante.

*ETAR de Alcantara, PROAP, Lisbona 2005*

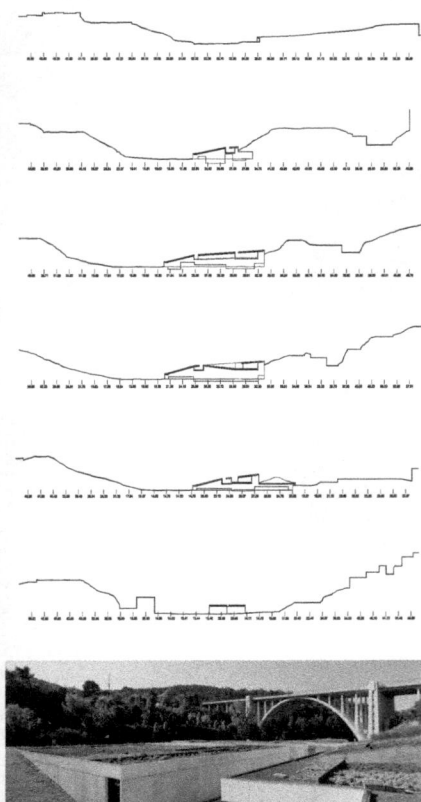

*ETAR de Alcantara, PROAP, Lisbona 2005*

In Cité Nature, ancora di Michel Desvigne Paysagiste, invece, il progetto di riconfigurazione si compie attraverso la conversione di una ex area industriale nei pressi di Arras in un giardino botanico, centro culturale e scientifico dedicato alla natura, all'alimentazione e alla salute. L'area accoglieva unid ci edifici, di cui oggi si ha ancora traccia grazie ad una serie di piazze verdi, eco del paesaggio agricolo della regione di Artois.

*Citè Nature, MDP Michel Desvigne Paysagiste, Arras, France 2001-05*

L'intervento coinvolge anche due capannoni, trasformati in padiglioni espositivi dall'architetto francese Jean Nouvel, la cui disposizione funge da matrice per il disegno del giardino, dal quale prendono rilievo grazie ai bacini di ritenzione che ne sottolineano l'impronta.

*Citè Nature, MDP Michel Desvigne Paysagiste, Arras, France 2001-05*

Un importante contributo, che esula le categorie appena trattate, è la grande cornice architettonica, purtroppo non realizzata, per accogliere l'evento internazionale Expo Milano 2015, dal tema "Nutrire il pianeta, energia per la vita". Il masterplan, frutto della collaborazione di Stefano Boeri, Richard Burdett e Jacques Herzog, rappresentava una sintesi sostanziale tra ambiente naturale e mercato agricolo, nella quale i lotti dedicati ai paesi partecipanti diventavano una chiara metafora degli appezzamenti agricoli.

*Masterplan Expo Milano 2015, Stefano Boeri + Richard Burdett + Jacques Herzog, Milano 2010*

*Masterplan Expo Milano 2015, Stefano Boeri + Richard Burdett + Jacques Herzog, Milano 2010*

A Shenzen, nella piazza centrale del distretto di Nanshan, Joseph Grima, Jeffrey Johnson e José Esparza danno forma a Landgrab City, installazione realizzata in occasione della Biennale di Architettura/Urbanistica di Shenzen/Hong Kong 2009. *"Punto di partenza dell'installazione è un'immagine satellitare (...), posta a terra. che raffigura, su 30mq, l'estensione urbana della città. Intorno all'immagine è stata coltivata con vegetali, cereali, frutta e pascolo un'area di circa 750mq (...) L'area coltivata rappresenta con le sue dimensioni, in scala rispetto alla foto satellitare, la quantità di territorio che dovrà essere coltivato nel 2027"* (Lotus International, pp. 18-19).

*Landgrab City, Joseph Grima + Jeffrey Johnson + José Esparza, Shenzen 2009*

Il titolo dell'installazione è un chiaro riferimento al *landgrabbing*, un attuale fenomeno economico e geopolitico di acquisizione di terreni agricoli sempre più ampi, necessari al sostentamento alimentare delle grandi potenze globali.

*Landgrab City, Joseph Grima + Jeffrey Johnson + José Esparza, Shenzen 2009*

La ricerca progettuale attorno al pensiero rurale è anche occasione per sperimentare nuove ibridazioni e mediazioni nel rapporto tra paesaggio, architettura e agricoltura.

The 900 Km Nile City, ricerca sviluppata all'interno del Berlage Institute, è un progetto che studia il rapporto fra agricoltura e insediamenti urbani all'interno della fascia desertica lungo la valle del Nilo. Il risultato è una particolare ibridazione fra una megalopoli ed un villaggio rurale, una condizione che favorisce l'innesco di processi alternativi alla scena urbana industriale.

A Monaco, nel quartiere di Frehiam, il collettivo interdisciplinare Agropolis sperimenta un sistema agricolo temporaneo costituito da orti, ristoranti e fattorie quali catalizzatori socio-agricoli con lo scopo di reinterpretare il rapporto fra sviluppo edilizio e agricoltura all'interno dei confini urbani.

*The 900 Km Nile City, Pier Paolo Tamburelli. + Oliver Thill + Berlage Institute, Settembre 2009-Febbraio 2010*

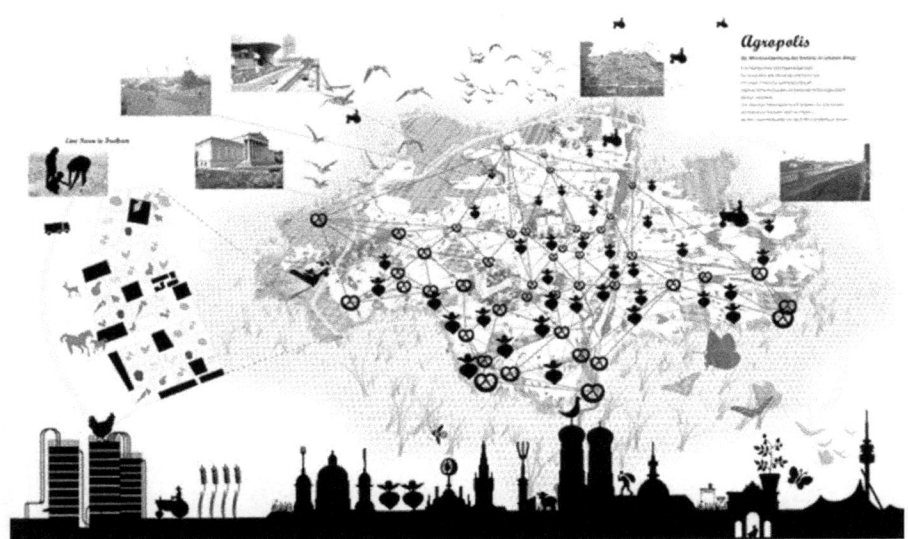

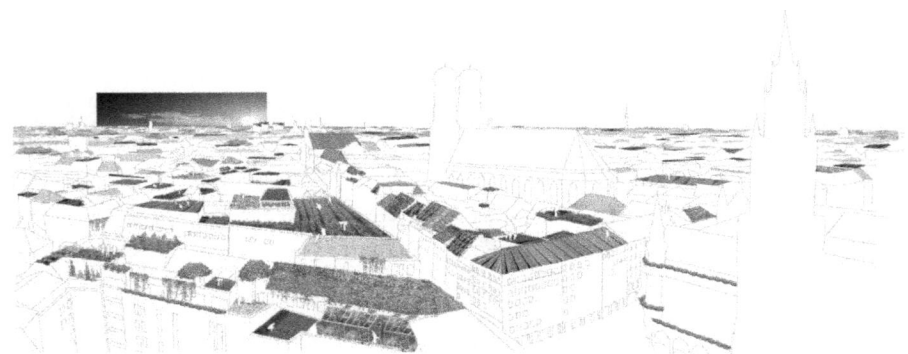

*Agropolis Munchen, Jorg Schroder + Kerstin Hartig, Monaco 2009-11*

A New York il gruppo di ricerca Terreform Inc. propone una nuova versione completamente autosufficiente della città. I principali ambiti di studio sono cibo, energia, rifiuti, acqua, aria, produzione, occupazione, cultura, salute e trasporti. Punto di partenza del progetto sono i grandi limiti in materia di sostenibilità legati al fallimento dell'autonomia della democrazia all'interno di un'economia sempre più globalizzata.

*New York (Steady) State, Terreform Inc., 2010*

Il masterplan si muove quindi verso la ricerca di una dimensione prettamente locale, all'interno della quale l'impronta ecologica della città e i rispettivi confini politico-territoriali possano finalmente coincidere.

*New York (Steady) State, Terreform Inc., 2010*

A partire dal 2003, nel cuore del Salento un piccolo insieme di comuni ha avviato un lungo processo di ascolto, analisi e osservazione del territorio al fine di creare modelli sostenibili di sviluppo fortemente integrati con l'imprinting rurale del luogo. Tale processo ha portato alla creazione di un progetto particolarmente pregnante ed ecologicamente strategico: il Parco Agricolo Multifunzionale dei Paduli.

Parco Agricolo Multifunzionale dei Paduli. Nello specifico si vedono due esempi di 'Nziddha' ad opera di Pietro Oronzo di Chito, rifugio biodegradabile temporaneo e vincitore del concorso di idee "Nidificare i Paduli 2015".

Punto di partenza del progetto è la profonda crisi che ha colpito il settore primario nella vasta area dei Paduli che, data la posizione geografica e il valore paesaggistico *"rappresenta (...) un terreno utile per sperimentare nuove forme di turismo ecosostenibile"* (www.paduli.it), strategia attraverso cui rivitalizzare l'intero settore agricolo.

Parco Agricolo Multifunzionale dei Paduli. Nell'immagine si vede un 'Osservatorio dei sogni' ad opera di Emfastudio, ulteriore esempio di rifugio biodegradabile temporaneo, che rientra nel progetto del parco di un albergo biodegradabile diffuso.

Il parco ricopre un'area di ben 5500 ettari, all'interno della quale un'articolata rete di connessione *"intreccia motivi di salvaguardia e tutela delle testimonianze storico - culturali del territorio con la difesa di una funzione economica come quella agricola che ha segnato la storia dello sviluppo economico di questa area (...) Il progetto muove dall'intenzione quindi di 'integrare' agli usi spontanei delle comunità, i servizi (...), le attività produttive legate all'agricoltura, le architetture, la storia, la cultura popolare e il paesaggio in un unico piano di connessione.*

*Parco Agricolo Multifunzionale dei Paduli. Nelle immagini si vede il 'Nido dei Paduli' ad opera di Tommaso Secchi + Lucia Frascerra + Davide Pedrini, progetto di autocostruzione nel contest "Nidi d'artista" realizzato con struttura monometrica fatta di canne incastrate.*

Parco Agricolo Multifunzionale dei Paduli. Nell'immagine si vede il 'Lovo' ad opera di ecru architetti, progetto di autocostruzione nel contest "Nidi d'artista" realizzato tramite due membrane di rete, retro-illuminate da lampade a olio.

Il percorso diventa il luogo dove si conservano, tutelano, raccolgono, divulgano e si rendono accessibili tutti i beni sia materiali (...) che immateriali del territorio (...) proponendo così al fruitore un inedito percorso conoscitivo" (www.paduli.it) in grado di intrecciare contemporaneamente e in un'unica risposta le componenti culturali, paesaggistiche e sociali proprie del mondo rurale.

Parco Agricolo Multifunzionale dei Paduli. Nelle immagini alcuni scatti della call per artisti "Creature dei Paduli" promossa dall'associazione LUA-Laboratorio Urbano Aperto, avente come scopo la riqualificazione dei luoghi trascurati all'interno del parco.

Rural paths, masterplan dell'intervento

# 3. VERSO UNA METODOLOGIA OPERATIVA

3.1 Salento: un parco, un laboratorio

Di fronte a un territorio considerato marginale, sprovvisto di un adeguato disegno in grado di instaurare relazioni virtuose fra i diversi sistemi costitutivi, nasce l'esigenza di portare il concetto di Salento da mera area geografica a vero e proprio parco. Questa considerazione muove il PTCP (Piano Territoriale di Coordinamento Provinciale) della Provincia di Lecce, meglio noto come Parco Salento.

Obiettivo fondamentale del piano è la *"costruzione di un habitat articolato e complesso che assuma la forma di un parco. Parco è termine che viene qui utilizzato nel senso contemporaneo, non solo per alludere ad un luogo del leisure, quanto per intendere un insieme di situazioni nelle quali i caratteri ambientali, in senso lato, concorrono in modo essenziale a costruire quelli dello svolgimento di alcune o di tutte le principali attività e pratiche sociali"* (Viganò 2001).

Alla luce dell'attuale crisi ecologica e considerati i presupposti del piano è auspicabile pensare al Salento non solo come parco, ma anche come infrastruttura di monitoraggio della salute del territorio. A tale scopo il progetto Parco Salento è stato qui ampliato e dotato di ulteriori livelli.

Punto di partenza è la proposta elaborata dalla Commissione XIII Agricoltura di *"rendere il territorio interessato dal fenomeno del disseccamento rapido un laboratorio a cielo aperto di sperimentazione agro-ecologica"* (Camera dei Deputati 2014).

Tuttavia per dare forma a tale obiettivo è necessario *"collaborare all'approfondimento delle indagini di laboratorio e delle proposte operative di rigenerazione delle piante rendendo pubblici protocolli e risultati della ricerca, al fine di un rigoroso confronto e riscontro scientifico di una pluralità di enti e istituzioni anche internazionali'* (Camera dei Deputati 2014).

Si tratta di misure fortemente osteggiate, ma comunque possibili, base per una chiara direzione progettuale. L'obiettivo è restituire al territorio quel suo carattere ecologico e antifragile (Taleb 2013) che ha già contribuito a costruirne la scena nativa.

Il progetto Rural paths che veniamo a presentare costituisce dunque la contemporanea concretizzazione del Piano particolareggiato del Bacino Estrattivo di Cursi-Melpignano, in particolare negli obiettivi di valorizzazione e tutela del territorio, del PTCP della Provincia di Lecce, che nel suo essere parco affianca lo sviluppo della cultura agricola al monitoraggio ambientale e infine della proposta elaborata dalla Commissione XIII Agricoltura che prevede, come scritto in precedenza, l'"*approfondimento delle indagini di laboratorio*" (Camera dei Deputati 2014) attraverso la creazione di un campus dedicato.

3.2 Diagrammi e tracciati: ottimizzazione del territorio

Negli ultimi trent'anni il Salento è stato caratterizzato da importanti fenomeni di dispersione, una tendenza che ha toccato tanto gli insediamenti, che le attività e le risorse. Principale effetto di tale processo è la costituzione di un sistema territoriale poroso, una sorta di 'spugna' da cui emergono specifici poli urbani organizzati secondo una precisa scalarità.
Quest'ultima, secondo quanto previsto del PTCP, si articola in sei diverse categorie di centri urbani, definite in base al grado di importanza e di rilevanza storica di ciascun insediamento.
A partire da tale classificazione sono stati individuati i centri cardine per lo sviluppo della strategia di monitoraggio ambientale e fitosanitario.
Si tratta di un processo di lettura e analisi del territorio, grazie al quale sono stati elaborati nel progetto Rural paths una serie di diagrammi volti allo studio delle relazioni fra le principali emergenze dell'area.
La metodologia operativa si articola in quattro fasi, come illustrato di seguito.

FASE 1
Presa visione del quadro finale del PTCP, si rilevano i comuni presenti all'interno del territorio provinciale. Da questi vengono selezionati i principali insediamenti, divisi, come indicato dal piano, in Centri Notevoli (Leuca, Santa Cesarea Terme) e Centri Antichi Notevoli (Copertino, Galatina, Gallipoli, Lecce, Maglie, Nardò, Otranto, Poggiardo, Specchia, Tricase).

*Rural paths: strategia provinciale, FASE 1*

## FASE 2

A partire dai centri selezionati si effettua una prima ottimizzazione del territorio. Tale processo si basa sull'applicazione del diagramma di Voronoi, strumento di natura matematica in grado di suddividere una regione in maniera proporzionale alle mutue distanze di un insieme discreto di punti (nella fattispecie i comuni selezionati). Grazie all'utilizzo del diagramma di Voronoi sono stati definiti i cosiddetti distretti di fitomonitoraggio, tramite cui è possibile controllare direttamente in situ l'estendersi del contagio e gli sviluppi del fenomeno di disseccamento. Successivamente è stato eseguito un secondo rilevamento, volto alla comprensione dell'impianto infrastrutturale proposto dal piano.

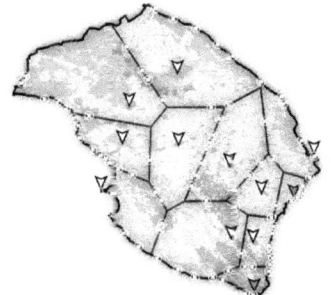

Rural paths: strategia provinciale, FASE 2

## FASE 3

Lungo la frontiera di ciascun distretto sono state intercettate le principali emergenze del territorio. Tale operazione ha determinato un nuovo discreto numero di punti, per mezzo del quale è stato eseguito un secondo processo di ottimizzazione. Il risultato è un complesso *network* di tracciati che, in quanto sistema, riduce al minimo sia il tempo sia le lunghezze di percorrenza. Questo tipo di schema costituisce una piattaforma comune di lavoro sulla quale Rural paths opera per il raggiungimento dei propri obiettivi.

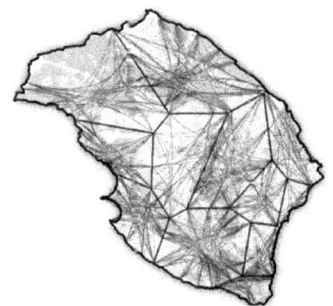

Rural paths: strategia provinciale, FASE 3

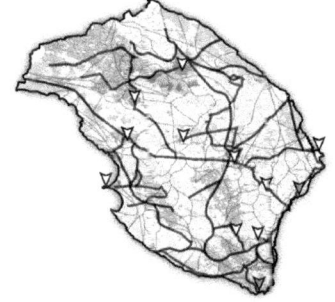

Rural paths: strategia provinciale, FASE 4

FASE 4

Il sistema di tracciati, infine, è stato discretizzato e mediato con l'impianto infrastrutturale proposto dal piano. Il quadro finale è un insieme di itinerari aperto e flessibile, un sistema capillare di percorsi che, da un lato, organizza i flussi del grande laboratorio a cielo aperto e, dall'altro, permette al parco di esprimersi in tutte le sue dimensioni, soprattutto quella rurale.

## 3.3 Il bacino estrattivo: crisi e potenzialità

Il processo di ottimizzazione appena illustrato costituisce un efficace strumento di indagine del territorio. Ciascun distretto individuato rappresenta una lente d'ingrandimento attraverso cui osservare con accuratezza lo stato di salute dell'ecosistema salentino, così come le sue più evidenti criticità. In tal senso guardare al territorio attraverso la crisi generata dall'attività estrattiva significherà concentrarsi sul distretto afferente la città di Maglie, all'interno del quale trova posto il Bacino estrattivo di Calcarenite di Cursi-Melpignano, di cui si è già trattato.

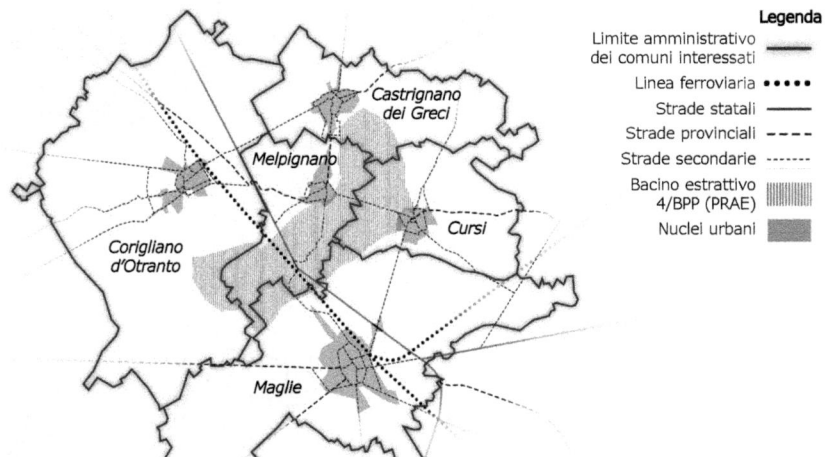

Google Map, inquadramento territoriale del bacino estrattivo di Cursi-Melpignano, rielaborazione a cura dell'autore

Immerso nel più classico dei paesaggi agricoli salentini, il giacimento di Pietra Leccese di Cursi-Melpignano-Corigliano d'Otranto-Maglie-Castrignano de' Greci si estende su una superficie di 9kmq ed è oggi caratterizzato da un elevato degrado dovuto alla pregressa attività estrattiva (SIT&A 2014, Allegato 1). L'area è ben infrastrutturata e trova nella Strada Statale 16 e nella linea ferroviaria le due principali arterie locali. A queste va aggiunto un ulteriore tracciato: l'asse di collegamento secondario Cursi-Melpignano, itinerario della Grecìa Salentina nel piano provinciale Parco Salento.

La posizione geograficamente strategica all'interno del bacino estrattivo e il peso giocato nel piano provinciale rendono tale segmento viario un importante riferimento a livello progettuale.

Più in generale il sistema infrastrutturale collabora con il sistema produttivo. Infatti i principali insediamenti si attestano lungo la SS16, con attività orientate soprattutto alla lavorazione del materiale prodotto in cava. La situazione cambia visivamente proprio in prossimità della congiungente Cursi-Melpignano, dove le aree agricole superano quelle tipicamente estrattive.

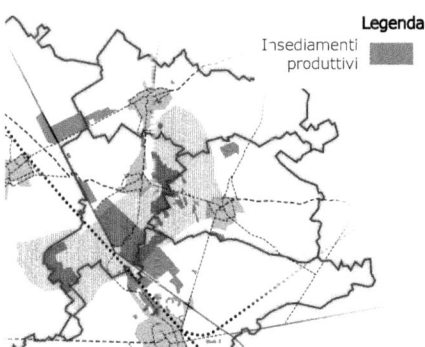

*Analisi dell'uso giuridico del territorio
Zone per insediamenti produttivi, SIT&A 2014
Rielaborazione grafica a cura dell'autore*

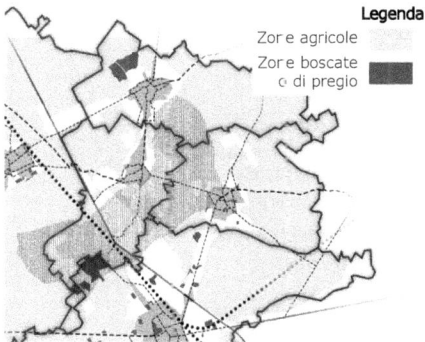

*Analisi dell'uso giuridico del territorio
Zone agricole, SIT&A 2014
Rielaborazione grafica a cura dell'autore*

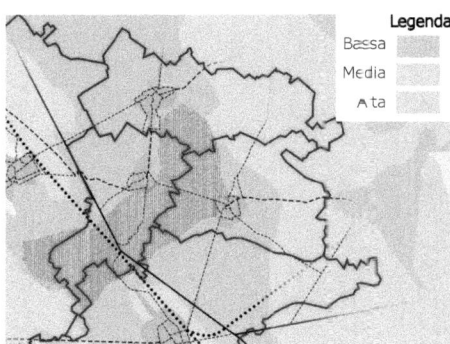

*Sistema delle conoscenze del territorio
Permeabilità del suolo, SIT&A 2014
Rielaborazione grafica a cura dell'autore*

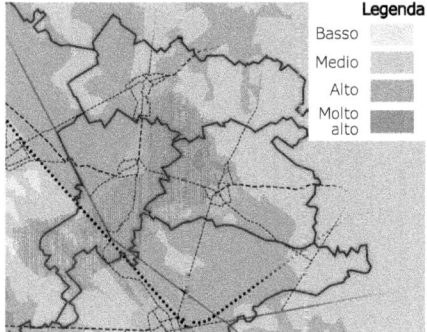

*Sistema delle conoscenze del territorio
Pericolo allagamenti, SIT&A 2014
Rielaborazione grafica a cura dell'autore*

Un aspetto interessante è quello che emerge dalle aree estrattive più degradate, nelle quali l'immagine desolante dei grandi scavi ha lasciato il posto a fenomeni di rinaturalizzazione, talvolta tramutati in veri e propri campi agricoli ricchi di oliveti e vigneti.

La natura calcarea del sottosuolo, alla base della tradizione estrattiva locale, è anche causa del basso grado di permeabilità del terreno, carattere che espone l'intera area a pericolosi fenomeni di allagamento. Tali considerazioni obbligano l'adozione di logiche sostenibili su qualsiasi linea di intervento per il compimento di un improrogabile risarcimento ambientale.

*Bacino estrattivo di Cursi-Melpignano, rapporto fra aree di cave e ambiti agricoli, rielaborazione a cura dell'autore*

## 3.4 Il comparto Nord Est: una dimensione possibile

Il bacino estrattivo non si presenta in condizioni omogenee: da una parte le grandi infrastrutture di collegamento, affiancate da una vasta area produttiva, dall'altra i collegamenti secondari, i quali attraversano aree agricole e contesti di cava. A partire da questo scenario prende forma il Piano Particolareggiato del Bacino Estrattivo di Calcarenite (Pietra Leccese) di Cursi-Melpignano-Corigliano d'Otranto-Maglie-Castrignano de' Greci (area PRAE 4/BPP), con lo scopo di *"riordinare l'attività estrattiva focalizzandosi al recupero del territorio sotto il profilo paesaggistico e ambientale"* (SIT&A 2014, Allegato 1, pp. 83 - 97). Il piano, tramite una serie di scelte operative, individua nel comparto estrattivo Nord Est un polo fondamentale nel progetto di recupero e valorizzazione del bacino stesso. Il comparto si presenta come un innesto territoriale fra i comuni di Cursi e Melpignano. Attorno ad esso il piano individua una serie di 'contesti speciali', cioè lotti estrattivi, prossimi alla dismissione, di cui sono già state definite le modalità di recupero. Il comparto estrattivo Nord Est rappresenta un'area di grande interesse: è sede di un forte processo di rinaturalizzazione, al centro del quale troviamo l'albero di ulivo; accoglie una delle principali strade del Parco Salento, la congiungente Cursi-Melpignano, itinerario della Grecìa Salentina che inscrive l'intero comparto in un ambito geografico di forte valenza storico-culturale; è in ultima istanza luogo di confluenze, ambito territoriale che si inserisce

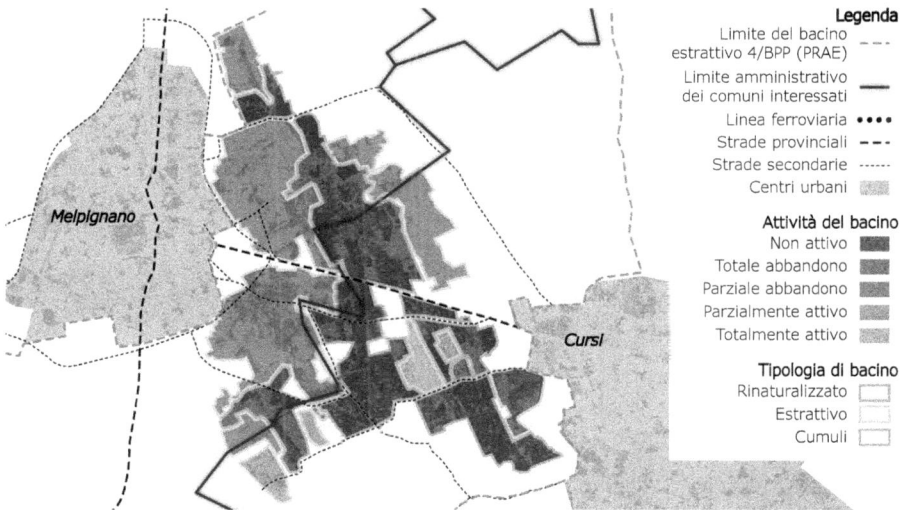

*Comparto estrattivo Nord Est, quadro infrastrutturale e stato delle cave, SIT&A 2014, rielaborazione a cura dell'autore*

appunto fra i comuni di Cursi e Melpignano per i quali può costituire un'importante risorsa ambientale, entro cui sviluppare pratiche agro-ecologiche. Inoltre gli adiacenti 'contesti speciali' rendono quest'area un potenziale crocevia di flussi, occasione di sperimentazione infrastrutturale tramite cui scoprire forme rurali che la massiccia attività estrattiva ha fino ad oggi ostacolato.

## 3.5 Paesaggio e biotipi

Per quanto la natura abbia contribuito nel riformare l'immagine del grande lotto estrattivo, lo scenario risulta comunque privo di regole che qualifichino l'area in chiave estetica. Gli strumenti urbanistici vigenti, a tal proposito, si muovono con grande sensibilità: il piano particolareggiato incoraggia misure di tutela in virtù del valore storico e ambientale del bacino, mentre la pianificazione regionale stabilisce la *"conservazione e valorizzazione dell'assetto attuale; recupero delle situazioni compromesse attraverso l'eliminazione dei detrattori e/o mitigazione degli effetti negativi, massima cautela negli interventi di trasformazione del territorio"* (SIT&A 2014, Allegato 1, pp. 17-20).

*Comparto estrattivo Nord Est, bacino BR5, SIT&A 2014*

*Comparto estrattivo Nord Est, bacino B7, SIT&A 2014*

È quindi obiettivo comune valorizzare i caratteri tipici del paesaggio locale, senza alterare la dimensione agricolo-produttiva che ne è alla base. Per fare questo è necessario, innanzitutto, individuare e capire le relazioni che legano gli elementi costitutivi di questi luoghi, siano essi di tipo antropico o ambientale.

La centralità del sistema di relazioni all'interno del progetto di paesaggio, rispetto al valore del singolo elemento, è tipico nell'approccio di Bernard Lassus, paesaggista francese secondo cui "*il paesaggio è dissociato dagli oggetti che lo compongono, è un'altra cosa, il paesaggio è la sintesi visiva di un insieme*" (Lassus 2012). Per Lassus il paesaggio è apparenza, percezione in movimento.

Tuttavia l'uomo lega a ciascuna percezione uno o più significati, elaborazioni culturali di quanto percepito attraverso i sensi. In altre parole i dati percepiti subiscono un processo di astrazione e di successiva traduzione da parte dell'osservatore. Questo particolare lavoro cognitivo introduce un nuovo significato di paesaggio secondo cui è la "*rappresentazione estetica, condivisa collettivamente e culturalmente, ma in costante evoluzione, di una parte del mondo*" (Saggio 2007, pp. 43-50).

Un'attenta comparazione di entrambe le definizioni richiede una riflessione ancor più profonda. Per poter risalire ai caratteri costitutivi di un certo paesaggio è necessario conoscere i pesi nel rapporto fra il singolo oggetto e la visione sintetica del tutto. Si tratta di un esercizio complesso che occorre di opportuni strumenti di lettura, interpretazione e classificazione dei dati percepiti.

Simili finalità si ritrovano anche nella biotipologia, campo estraneo all'architettura, branca della medicina che studia i tipi costitutivi umani, classificandoli in base alle caratteristiche somatiche, fisiologiche e psichiche. Agire analogamente alla prassi biotipologica nello studio del paesaggio vorrebbe dire rintracciare i caratteri costitutivi di un luogo a partire da precise categorie di lettura e analisi. Ecco allora che le essenze arboree di un'area geografica restituiscono informazioni non solo sul tipo di flora, ma anche sulla palette cromatica che colora il paesaggio; suoli coltivati o destinati al pascolo rivelano oltre alle principali attività rurali i diversi tipi di rapporto che l'uomo instaura col terreno; muri di recinzione e costruzioni a secco non sono solo specchio di specifiche capacità tecniche, ma anche dispositivi di orientamento, parcellizzazione del terreno e forme alternative di riciclo e sostenibilità.

L'associazione di uno o più elementi, come quelli appena illustrati, all'interno di una visione complessiva e sintetica restituisce quello che prende il nome di 'biotipo',

#1_Individuazione dei punti notevoli e degli enti repulsori

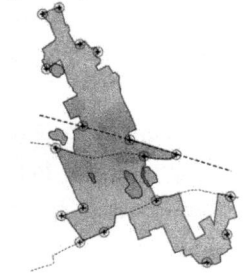

#2_Elaborazione dei percorsi diretti

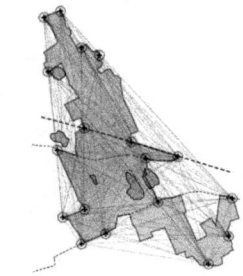

#3_Elaborazione dei percorsi minimizzati

#4_Discretizzazione dei percorsi e selezione delle intersezioni e biforcazioni notevoli

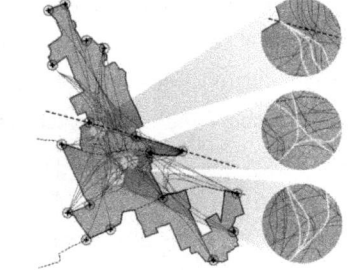

Rural paths, diagramma generativo del parco

strumento di lettura critica del territorio, tramite cui è possibile risalire alle regole più profonde che articolano, nel tempo e nello spazio, la percezione e la rappresentazione del paesaggio.

3.6 Connecting and Occupying

Flussi, biotipi, cave e agricoltura sono le parole chiave per comprendere quanto proposto in Rural paths, progetto che promuove una nuova idea di ruralità, basata su un sistema di connessioni che nel ricucire il territorio innesca processi ecologici volti alla salvaguardia e valorizzazione dell'ambiente.
La complessa trama di tracciati che definisce il nuovo disegno di suolo è un'attenta applicazione del modello dei percorsi minimizzati creato da Frei Otto, architetto e ingegnere tedesco. Si tratta di una particolare configurazione di percorsi che, a partire dai punti di accesso di un'area, descrive un insieme di tracciati in grado di ottimizzare distanze ed energie impiegate nell'attraversare l'intero sistema. Questa struttura rappresenta un vero e proprio diagramma, grazie al quale Rural paths si inserisce in ruoli diversi e interconnessi fra loro: Rural paths è parco agricolo, dimensione tramite cui valorizza il paesaggio locale a partire dall'imprinting rurale del sito; è infrastruttura sostenibile, dimensione possibile grazie ad un'attenta gerarchia dei

flussi la quale, nel cercare di sostituirsi ai più convenzionali sistemi di collegamento, propone livelli di percorrenza sempre diversi, in grado di raccontare il luogo da molteplici punti di vista; è luogo della ricerca, laboratorio a cielo aperto finalizzato alla gestione dell'emergenza Xylella, all'interno del quale i percorsi costituiscono un sistema di lunghezze ottimizzato al fine di garantire una rapida ricognizione della salute ambientale dell'area indagata. Il network di tracciati rappresenta, in ultima istanza, l'ossatura della struttura programmatica della proposta progettuale, in particolare nel suo relazionarsi con il territorio.

*Rural paths, vista prospettica in quota*

*Rural paths, vista prospettica lungo la congiungente Cursi-Melpignano*

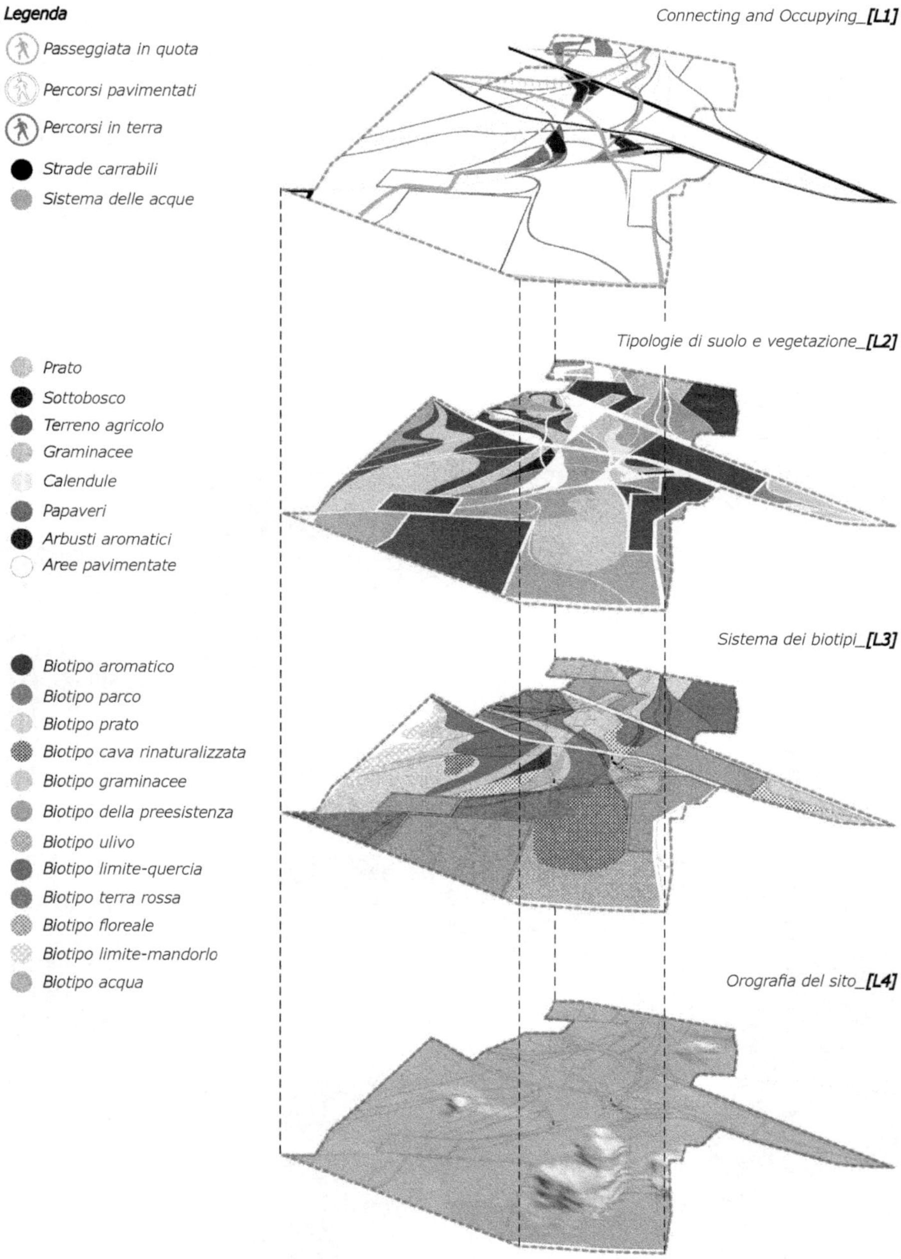

**Legenda**

- 🚶 *Passeggiata in quota*
- 🚶 *Percorsi pavimentati*
- 🚶 *Percorsi in terra*
- ● *Strade carrabili*
- ● *Sistema delle acque*

*Connecting and Occupying_[L1]*

*Tipologie di suolo e vegetazione_[L2]*

- *Prato*
- *Sottobosco*
- *Terreno agricolo*
- *Graminacee*
- *Calendule*
- *Papaveri*
- *Arbusti aromatici*
- *Aree pavimentate*

*Sistema dei biotipi_[L3]*

- *Biotipo aromatico*
- *Biotipo parco*
- *Biotipo prato*
- *Biotipo cava rinaturalizzata*
- *Biotipo graminacee*
- *Biotipo della preesistenza*
- *Biotipo ulivo*
- *Biotipo limite-quercia*
- *Biotipo terra rossa*
- *Biotipo floreale*
- *Biotipo limite-mandorlo*
- *Biotipo acqua*

*Orografia del sito_[L4]*

*Rural paths, sistema dei layer del parco*

I medesimi enzimi alla base dell'infrastruttura del parco muovono anche le singole opere che ne animano i tracciati. I diversi manufatti, nati come materializzazione dei principali nodi del sistema di percorsi, sono eco dell'insieme dei flussi che articolano il parco. È questo un carattere che si rilegge anche nel trattamento materico esterno: nastri di colori e trame diverse corrono lungo l'intero sviluppo degli alzati a formare traiettorie che rammagliano i corpi al terreno e, per estensione, al contesto circostante. Grande attenzione è rivolta all'utilizzo dei materiali della tradizione locale, qui organizzati secondo le direttrici di un campo di forze invisibile, figlie del contemporaneo paradigma informatico. In definitiva Rural paths è un sistema diffuso di attivatori paesaggistici che, antropici o naturali, innescano modi nuovi e sostenibili di vivere il territorio salentino.

3.7 Mixitè

Pensare uno spazio che sia contemporaneamente parco rurale e laboratorio di ricerca significa sintetizzare in un'unica risposta molteplici fattori e quindi ipotizzare una politica di compartecipazione tra pubblico e privato. Tale aspetto è fondamentale perché da un lato garantisce una più sicura riuscita del progetto, dall'altro una più consapevole gestione delle risorse. Rural paths si completa con un campus basato su un mix di attività, in cui si vedono ricerca, natura e ruralità lavorare sinergicamente nella definizione di un programma molto vasto che è illustrato qui di seguito attraverso le cinque categorie già citate in precedenza.

REBUILDING NATURE
- Raccolta e riutilizzo delle acque
- Bacini di fitodepurazione
- Ambiti per la produzione di energie rinnovabili
- Aree per il rimboschimento
- Spazi attrezzati per il tempo libero

INFRASTRUCTURING
- Connessione Parco Salento
- Passeggiata sopraelevata
- Percorsi rurali ciclopedonali ed equestri

PRODUCING
- Centro fitosanitario
- Campi agricoli per la produzione biologica
- Fitomonitoraggio
- Agro-silvicoltura e silvicoltura naturale

EXCHANGE
- Banca del Tempo Contadino
- Bistrot
- Mercato contadino periodico
- Slowfood (centro per l'educazione del gusto)

LIVING
- Foresteria per gli operatori del laboratorio
- Cooperative e cohousing per le comunità agricole locali

3.8 Flessibilità degli spazi

Primo momento architettonico del campus è costituito da Bistrot e Banca del Tempo Contadino (B.d.T.C.), un insieme di corpi che segnano gli accessi al parco. I due edifici si presentano come materializzazione della biforcazione di percorsi su cui insistono. Cercano un dialogo, come visibile nei due ingressi che, nel guardarsi, dilatano trasversalmente lo spazio e invitano gli utenti a rallentare e ad entrare. I corpi accolgono attività di carattere economico e produttivo, un hub in cui prodotti culinari tipici del Salento si mescolano al *know-how* agricolo. Modello di riferimento è la più nota Banca del Tempo, *"un sistema in cui le persone scambiano reciprocamente attività, servizi, saperi (...) luoghi nei quali si recuperano le abitudini ormai perdute di mutuo aiuto tipiche dei rapporti di buon vicinato"* (www.associazionenazionalebdt.it). Centro funzionale e distributivo è la sala polivalente, ambito di testata nella B.d.T.C.. Si tratta di un ambiente che fa della flessibilità un principio tanto funzionale quanto spaziale. È quasi una macchina, allestita da una serie di pannelli movibili nel controsoffitto, in grado di calare tramite carrucole, che permettono di utilizzare l'interno dell'aula in base alle diverse esigenze degli utenti.

PERCORSI ULIVI XYLELLA

*Rural paths: Bistrot e Banca del Tempo Contadino, vista prospettica*

*Rural paths: Banca del Tempo Contadino, vista interna della sala polivalente*

Il tema dei flussi si rilegge anche all'esterno grazie ad una silhouette che rammaglia i volumi al terreno, un gioco plastico a cui partecipano anche le finiture degli alzati, costituite da nastri di pietra leccese, legno e intonaco bianco che accompagnano l'occhio durante l'intero sviluppo dei prospetti.

*Rural paths: Banca del Tempo Contadino, prospetto*

*Rural paths: Bistrot e Banca del Tempo Contadino, sezione trasversale dei corpi*

3.9 Mixitè della residenzialità

Dalla ricerca di nuovi legami fra uomo e natura nasce il secondo momento architettonico del campus, la Foresteria, volume destinato agli operatori tecnici del grande laboratorio. Una lama verde che taglia morbidamente l'orizzonte e accoglie i diversi alloggi che sono frutto di una attenta ricerca tipologico-distributiva. Il progetto esplora il concetto di vita insediativa da una dimensione più collettiva ad una più intima e privata, senza rinunciare a soluzioni aggregative, rintracciabili proprio nel lungo spazio distributivo caratterizzato dalla ritmata sequenza di spazi concavi e convessi. Gli alloggi costituiscono il cuore della specifica operazione progettuale. Le diverse superfici e caratteristiche di questi ultimi sono il frutto di una metodologia che vede innanzitutto un corpus di 'regole fisse', cioè indicazioni di ordine superiore che definiscono i margini decisionali strutturanti l'operazione progettuale, e un ampio spettro di 'variazioni' ad esse compatibili (Saggio 2013).

*Rural paths: Foresteria, vista prospettica*

*Rural paths: Foresteria, vista prospettica*

*Rural paths: Foresteria, vista interna della hall d'attesa*

Le 'regole fisse' riguardano:
1. la suddivisione dell'alloggio in tre zone principali (A, B e C) e la definizione dello specifico ruolo di ciascuna zona;
2. la progettazione di un blocco tecnologico unificato per tutti gli alloggi contenente il bagno ed i necessari impianti.

A queste regole strutturanti corrispondono un campo di possibili 'variazioni', che prefigurano un abaco di possibilità. Queste riguardano:
1. le frontiere esterne;
2. i tramezzi interni;
3. la localizzazione degli infissi;
4. la localizzazione degli arredi;
5. la collocazione centrale o laterale del blocco tecnologico.

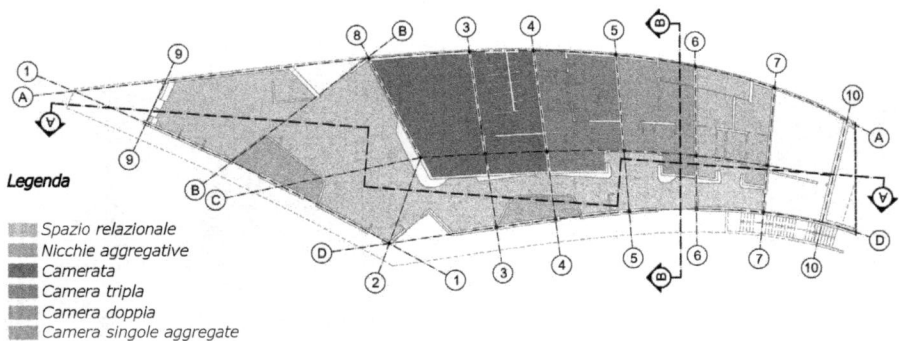

Rural paths: Foresteria, mix residenziale

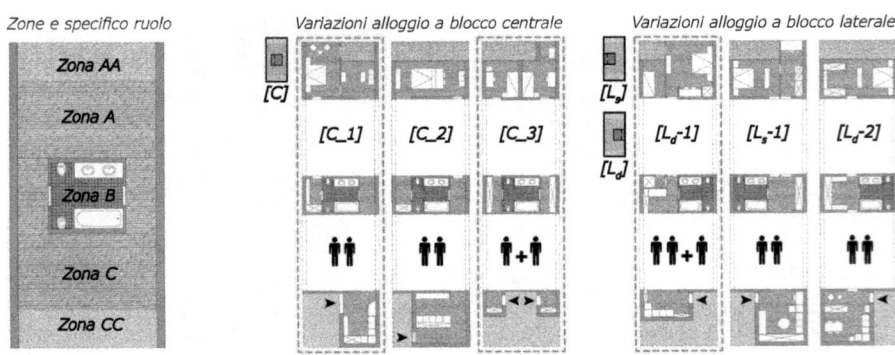

Rural paths: Foresteria, abaco degli alloggi

Particolare attenzione è stata posta anche nella progettazione dei livelli di soglia tra il privato, il semi privato e il collettivo. Questi spazi di mediazione variano per configurazione e dimensione in base alla specifica posizione nel complesso: all'interno partecipano alla composizione mossa e articolata dello spazio distributivo, mentre all'esterno disegnano gli alzati con un marcato chiaroscuro che accompagna lo sviluppo curvilineo dell'edificio.

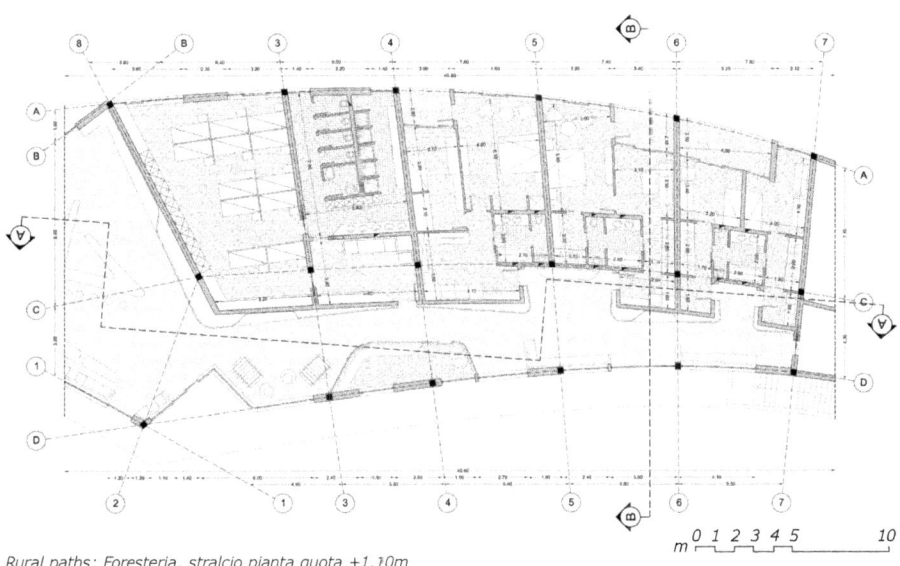

Rural paths: Foresteria, stralcio pianta quota +1.10m

Rural paths: Foresteria, prospetto

## 3.10 Uso sociale degli spazi

Fulcro dell'intero progetto è il Centro Fitosanitario, che raccoglie l'insieme delle attività destinate alla ricerca e alla sperimentazione nel settore agricolo, vivaistico e floreale. Il corpo, nato da un sostanziale sfioccamento dei tracciati del parco, si sviluppa su due livelli, articolati da una grande hall angolare, teatro di frizioni geometriche e distributive, sistema di orientamento grazie alla presenza di grandi lucernari che fluidificano lo spazio in soluzioni di continuità visiva e spaziale. Al primo livello raccorda funzioni direzionali e spazi ricreativi tramite aggetti morbidi e sinuosi che danno luogo ad un continuo gioco di sguardi sorvegliati dallo squarcio del lucernario.

*Rural paths: Centro Fitosanitario, vista prospettica*

*Rural paths: Centro Fitosanitario, prospetto*

*Rural paths: Centro Fitosanitario, vista interna hall e sezione longitudinale*

## 3.11 Xylella, metafora, architettura

Al secondo livello trovano posto attività didattiche e di ricerca, le quali ruotano attorno alla doppia altezza definita dalla hall. I collegamenti verticali sono permessi da ascensore e scale. Queste ultime disegnano il fondale della hall con soluzioni di grande leggerezza visiva. Sulla testata dell'edificio insiste un luogo simbolico per l'intero intervento: un giardino segreto che accoglie e nasconde la chioma di un ulivo, messaggio politico oltre che metaforico, luogo di speranza e di monito allo stesso tempo per la fragilità di questo territorio.

*Rural paths: Centro Fitosanitario, vista prospettica*

*Rural paths: Centro Fitosanitario, prospetto*

*Rural paths: Centro Fitosanitario, vista teca e sezione trasversale*

# 4. PER APPROFONDIRE

I principali studi di cui si è giovato questo scritto sono indicati nella lista delle abbreviazioni che segue; quelli più specifici nei paragrafi relativi.

Mastrogiovanni 2015 - MARIA LUISA MASTROGIOVANNI, *Xylella Report. Uccidete quella foresta. Attacco agli ulivi secolari del Salento*, Il Tacco d'Italia, Casarano 2015

Barletta 2009 - ROSSELLA BARLETTA, *Architettura contadina del Salento. Muretti a secco e pagghiari*, Capone Editore, Lecce 2009

SIT&A 2014 - SIT&A srl, *Piano Particolareggiato del Bacino di Calcarenite di Cursi - Melpignano - Corigliano d'Otranto - Maglie - Castrignano dei Greci (Area PRAE 4/B30)*, SIT&A srl, Bari - Lecce 2014

Viganò 2001 - PAOLA VIGANÒ (a cura di), *Territori della nuova modernità. Il Piano territoriale di Lecce*, Electa Napoli - Provincia di Lecce, Napoli-Lecce 2001, scaricabile dal sito http://www3.provincia.le.it/ptcp/ptcp/docs/documenti.htm

Lotus 2012 - "Lotus International", n. 149, Editoriale Lotus Srl, Milano 2012

Camera dei Deputati 2014 - CAMERA DEI DEPUTATI. Commissione XIII Agricoltura *Bollettino delle Giunte e delle Commissioni Parlamentari. Agricoltura (XIII). Risoluzione in Commissione 7/00210*. XVII Legislatura, 141° Seduta, 8 ottobre 2014

Holmgren 2013 - DAVID HOLMGREN, *Essenza della Permacultura*, David Holmgren, 2013

Saggio 2013 - ANTONINO SAGGIO, *Progettare la residenza. Dissertazione in Composizione Architettonica*, Lulu.com, Raleigh USA 2013

### 1. LA CRISI: I PROCESSI ANTIECOLOGICI DEL SALENTO

1.1 Premessa
Per comprendere al meglio la struttura dell'emergenza Xylella, le origini, i protagonisti, le inchieste si legga il libro inchiesta MARIA LUISA MASTROGIOVANNI, *Xylella Report. Uccidete quella foresta. Attacco agli ulivi secolari del Salento*, Il Tacco d'Italia, Casarano 2015.

1.2 Xylella Fastidiosa: emergenza nell'emergenza
Per un approfondimento sul batterio Xylella Fastidiosa si rimanda a REGIONE PUGLIA. Area Politiche per lo Sviluppo Rurale. Servizio Agricoltura. *Ufficio Osservatorio Fitosanitario, Relazione su Xylella Fastidiosa. Situazione a Marzo 2015*, Bari 2015, scaricabile dal sito internet https://goo.gl/rTZYK1.
Per avere un quadro chiaro sulle misure predisposte al contenimento del contagio si rimanda a REGIONE PUGLIA. Area politiche per lo sviluppo rurale. Servizio Agricoltura, *Misure di emergenza per la prevenzione, il controllo e la eradicazione del batterio da quarantena Xylella fastidiosa associato al "Complesso del disseccamento rapido dell'olivo"*,

delibera di giunta n.2023, 29 ottobre 2013, scaricabile dal sito https://goo.gl/DPPzo3.

1.3 Xylella s.r.l.: estirpazioni e pesticidi
Al fine di comprendere al meglio il quadro giuridico normativo inerente l'emergenza fitosanitaria si legga la Direttiva 2000/29/CE. Si invita a porre particolare attenzione alla lettura dell'articolo 23, comma 2 inerente le misure necessarie alla partecipazione finanziaria della Comunità ai fini della lotta fitosanitaria.
Sulle misure da adottate dalla Regione Puglia al fine del contenimento del contagio si veda REGIONE PUGLIA. Area Politiche per lo Sviluppo Rurale. Servizio Agricoltura. Ufficio Osservatorio Fitosanitario, Nota informativa sul "Complesso del disseccamento rapido dell'olivo", Bari 2013.
Si veda anche CAMERA DEI DEPUTATI. Commissione XIII Agricoltura. Bollettino delle Giunte e delle Commissioni Parlamentari. Agricoltura (XIII). Risoluzione in Commissione 7/00210. XVII Legislatura, 141° Seduta, 8 ottobre 2014.
Sugli effetti dei pesticidi sull'uomo e sull'ambiente si vedano LILT, Caso Xylella. Pesticidi e rischi per la salute umana, LILT, Lecce 2015, rapporto dettagliato sugli effetti dei pesticidi sulla salute umana e ambientale, scaricabile dal sito internet https://goo.gl/X4jPfj; European Food Safety Authority (EFSA), "Environmental consequences", in Scientific Opinion on the risk to plant health posed by Xylella fastidiosa in the EU territory, with the identification and evaluation of risk reduction options, Parma, Italy 2015, p. 66.
Per avere un quadro sulla struttura dei rimborsi circa le misure di contenimento del contagio si legga MARIA LUISA MASTROGIOVANNI, "Follow the money", in Xylella Report. Uccidete quella foresta. Attacco agli ulivi secolari del Salento, Il Tacco d'Italia, Casarano 2015, pp. 33 - 34.

1.4 Un cuore di pietra
Per un approfondimento sul rapporto fra la natura litologica della penisola salentina ed i suoi abitanti, nei termini architettonici, etnici, culturali e paesaggistici si rimanda a ROSSELLA BARLETTA, Architettura contadina del Salento. Muretti a secco e pagghiari, Capone Editore, Lecce 2009.
Si veda inoltre ANTONIO COSTANTINI, Guida all'architettura contadina del Salento, Congedo Editore, Galatina 2017.

1.5 Ecologia Salento a rischio
Per avere una visione completa sulla situazione estrattiva in Puglia si vedano REGIONE PUGLIA. Sezione Rifiuti e Bonifica. Servizio Attività Estrattive, Rapporto sullo Stato delle Attività Estrattive 2014-2015, scaricabile dal sito internet https://goo.gl/a4JpMh, e REGIONE PUGLIA. Servizio Attività Economiche Consumatori. Ufficio Controllo e Gestione del PRAE, Rapporto sullo Stato delle Attività Estrattive 2012 - 2013, scaricabile dal sito internet https://goo.gl/jjNQte.
Si rimanda a SIT&A srl, "Allegato 1: Relazione tecnica illustrativa", in Piano Particolareggiato del Bacino di Calcarenite di Cursi - Melpignano - Corigliano d'Otranto - Maglie - Castrignano dei Greci (Area PRAE 4/BPP), SIT&A srl, Bari - Lecce 2014.

2. STRATEGIE ECOLOGICHE

2.1 La quarta legge dell'ecologia
Sulla quarta legge dell'ecologia e sulla gestione delle risorse si rimanda a NATALINA CARRÀ, Cave e Ambiente. La pianificazione delle attività estrattive, Biblioteca del Cenide, Reggio Calabria 2001.

2.2 Ecologia, cave, agricoltura
Per approfondire il tema dell'agricoltura sostenibile, nonché i relativi criteri e obiettivi si rimanda al sito internet http://www.idaic.it/agricoltura-sostenibile.html.
Sul tema della permacultura si veda DAVID HOLMGREN, Essenza della Permacultura, David Holmgren, 2013, disponibile

sul sito internet http://www.permacultura.it/images/documenti/Essence_of_Pc_IT.pdf.
Gli obiettivi ambientali in elenco sono stati tratti da SIT&A srl, "Allegato 7: Valutazione ambientale strategica", in *Piano Particolareggiato del Bacino di Calcarenite di Cursi - Melpignano - Corigliano d'Otranto - Maglie - Castrignano dei Greci (Area PRAE 4/BPP)*, SIT&A srl, Bari - Lecce 2014, p. 127.

2.3 Strategie programmatiche
Si legga MAMMUCCARI A., MASTROIANNI L., MAZZA A., SAGGIO A., *Roma a venire. Progetti per una città dell'informazione e della storia viva*, Aracne Roma 2009 volume che analizza da vicino il tema della mixité attraverso strategie possibili per la città di Roma.
Sulla situazione agricola salentina si rimanda al volume PROVINCIA DI LECCE, Servizio Politiche Comunitarie, Sviluppo Locale e Rapporti con l'Università (a cura di), *Nuovi scenari dell'agricoltura nazionale e salentina: i dati del 6° censimento dell'agricoltura. Il progetto Mediterranean Life Style e le opportunità di valorizzazione dei prodotti tipici locali, Atti del convegno di Lecce 8 aprile 2013*, Provincia di Lecce, Lecce 2013, scaricabile dal sito internet https://goo.gl/8wRvje.

2.4 Esempi virtuosi
Sui temi della sopravvivenza e della necessità in architettura si legga YONA FRIEDMAN, *L'architettura della sopravvivenza. Una filosofia della povertà*, Bollati Boringhieri, Torino 2009.
Per una lettura critica sul pensiero friedmaniano si rimanda a BOCCO A., BUNČUGA F., *Yona Friedman e le utopie realizzabili*, www.doppiozero.com, 21 febbraio 2018.
Per un approfondimento sul pensiero rurale, le categorie operative e le principali correnti architettoniche ad esso affine si rimanda a FEDERICA AMORE, *Razionalità Rurale. Principi per l'architettura contemporanea*, 'Sapienza' Università di Roma - Corso di Dottorato in 'Architettura - Teorie e Progetto' - Coordinatore: Prof. Antonino Saggio - Tutor: Prof. Roberto Secchi - CoTutor: Prof. Piero Ostilio Rossi, Roma 2016, scaricabile dal sito internet https://goo.gl/1cq6uW.
Sulle politiche comunitarie relative allo sviluppo del mondo rurale si rimanda a COMMISSIONE DELLE COMUNITÀ EUROPEE, *Il futuro del mondo rurale*, Comunicazione della Commissione trasmessa al Consiglio e al Parlamento europeo il 29 luglio 1988 (COM(88) 501 def.), consultabile dal sito internet https://goo.gl/fA52ZM.
Sul tema dell'agricoltura nel dibattito progettuale contemporaneo si veda "Lotus International", n. 149. Editoriale Lotus Srl, Milano 2012, dal titolo Lotus in the fields. All'interno del numero si possono trovare diversi e interessanti esempi progettuali sull'agricoltura urbana.
Per un approfondimento sul Parco Agricolo Multifunzionale dei Paduli si consulti il sito internet www.parcopaduli.it

## 3. VERSO UNA METODOLOGIA OPERATIVA

3.1 Salento: parco e laboratorio
Per conoscere la proposta provinciale Parco Salento si veda PAOLA VIGANÒ (a cura di), *Territori della nuova modernità. Il Piano territoriale di Lecce*, Electa Napoli - Provincia di Lecce, Napoli-Lecce 2001, scaricabile dal sito http://www3.provincia.le.it/ptcp/ptcp/docs/documenti.htm. Di particolare interesse per l'autore è il paragrafo il Salento come parco nel quale si illustra il significato del concetto di parco nella contemporaneità.
Si veda inoltre CAMERA DEI DEPUTATI. Commissione XIII Agricoltura. *Bollettino delle Giunte e delle Commissioni Parlamentari. Agricoltura (XIII). Risoluzione in Commissione 7/00210.* XVII Legislatura, 141° Seduta, 8 ottobre 2014, circa le azioni da intraprendere circa l'emergenza fitosanitaria. L'atto è consultabile dal sito internet https://goo.gl/MxLSE9.
Sul concetto di antifragile si rimanda a NASSIM NICHOLAS TALEB, Antifragile. Prosperare nel disordine, il Saggiatore, Milano 2013. Con tale termine si indica la capacità di una cosa di diventare "più forte" dopo uno shock. Si tratta di un concetto nuovo, completamente opposto all'idea di fragilità e che supera il concetto stesso di resilienza.

### 3.2 Diagrammi e tracciati: ottimizzazione del territorio

Per un'attenta indagine sulle recenti trasformazioni urbane e territoriali del Salento si rimanda a PAOLA VIGANÒ (a cura di), *Territori della nuova modernità. Il Piano territoriale di Lecce*, Electa Napoli - Provincia di Lecce, Napoli-Lecce 2001, scaricabile dal sito http://www3.provincia.le.it/ptcp/ptcp/docs/documenti.htm.

### 3.3 Il bacino estrattivo: crisi e potenzialità

Per avere un quadro più dettagliato del Bacino estrattivo di Calcarenite di Cursi - Melpignano si veda SIT&A srl, "Allegato 1: Relazione tecnica illustrativa", in *Piano Particolareggiato del Bacino di Calcarenite di Cursi - Melpignano - Corigliano d'Otranto - Maglie - Castrignano dei Greci (Area PRAE 4/BPP)*, SIT&A srl, Bari - Lecce 2014.
Si vedano inoltre anche le tavole n° 1 - 2 - 4 - 6 - 8 - 14 -15 - 16 - 17 - 19 - 20.

### 3.4 Il comparto Nord Est: una dimensione possibile

Per avere un quadro più dettagliato del comparto estrattivo Nord Est si vedano SIT&A srl, «Allegato 1: Relazione tecnica illustrativa", in *Piano Particolareggiato del Bacino di Calcarenite di Cursi - Melpignano - Corigliano d'Otranto - Maglie - Castrignano dei Greci (Area PRAE 4/BPP)*, SIT&A srl, Bari - Lecce 2014, pp. 83 - 97; e SIT&A srl, "Allegato 4: Schedatura geologico-tecnica dei bacini estrattivi e delle aree di accumulo: area estrattiva Nord-Est e Sud-Ovest; Censimento delle cave attive, abbandonate e dismesse", in *Piano Particolareggiato del Bacino di Calcarenite di Cursi - Melpignano - Corigliano d'Otranto - Maglie - Castrignano dei Greci (Area PRAE 4/BPP)*, SIT&A srl, Bari - Lecce 2014, pp. 1 - 66.
Si vedano inoltre anche le tavole n° 21 - 22b - 24b.

### 3.5 Paesaggio e biotipi

Per un approfondimento sulle indicazioni regionali in merito alla conservazione e valorizzazione dell'area di intervento si veda SIT&A srl, "Allegato 1: Relazione tecnica illustrativa", in *Piano Particolareggiato del Bacino di Calcarenite di Cursi - Melpignano - Corigliano d'Otranto - Maglie - Castrignano dei Greci (Area PRAE 4/BPP)*, SIT&A srl, Bari - Lecce 2014, pp. 17-20.
Sul significato di paesaggio si rimanda a BERNARD LASSUS, *Per una demarche globale? Il paesaggio*, Lectio magistralis presso la Facoltà di Architettura, Roma 12 novembre 2012, Roma 2012, consultabile sul sito internet https://goo.gl/XjL329 e a ANTONINO SAGGIO, "Paesaggio", in *Introduzione alla rivoluzione informatica in architettura*, Carocci editore, Roma 2007, pp. 43-50.

### 3.6 Connecting and Occupying

Sul rapporto fra sistemi connettivi e principi insediativi si rimanda a FREI OTTO, "The occupation of paths and path networks - approaches to urban development", in *Occupying and Connecting. Thoughts on Territories and Spheres of Influence with Particular Reference to Human Settlement*, Edition Axel Menges, Stuttgart/London 2011, pp. 94-107.
Per un approfondimento sul progetto in esame si veda MICHELE SPANO, *Rural paths - Parco agricolo per la gestione fitosanitaria dell'emergenza Xylella e il rilancio agricolo dell'entroterra salentino* di Michele Spano, tesi di laurea discussa il 25 maggio 2017, relatore prof. arch. Antonino Saggio, consultabile dal sito https://goo.gl/t9F5Rc.

### 3.7 Mixitè

Per comprendere al meglio l'insieme delle attività proposte nel programma di mixitè si rimanda DAVID HOLMGREN, "Il fiore della permacultura", in *Essenza della Permacultura*, David Holmgren, 2013, p. 2, disponibile sul sito internet https://goo.gl/vXgpxB, e a SIT&A srl, "Allegato 7: Valutazione ambientale strategica", in *Piano Particolareggiato del Bacino di Calcarenite di Cursi - Melpignano - Corigliano d'Otranto - Maglie - Castrignano dei Greci (Area PRAE 4/BPP)*, SIT&A srl, Bari - Lecce 2014, pp. 125 - 131.

3.8 Flessibilità degli spazi
Per un approfondimento sugli obiettivi e sulla struttura della Banca del Tempo si veda il sito internet www.associazionenazionalebdt.it

3.9 Mixitè della residenzialità
Sulla progettazione dei caratteri distributivi delle residenze, con particolare interesse al metodo, si rimanda a ANTONINO SAGGIO, *Progettare la residenza. Dissertazione in Composizione Architettonica*, Lulu.com, Raleigh USA 2013.

3.10 Uso sociale degli spazi
Per un approfondimento sull'organizzazione democratica dello spazio negli edifici per uffici contemporanei si veda ANTONINO SAGGIO, *Gli uffici di M. Furnari*, in "Domus", n. 774, Editoriale Domus, Milano 1995, pp. 126 - 127.

3.11 Xylella, metafora, architettura
Per un approfondimento sul progetto distributivo di un centro fitosanitario si veda REGIONE EMILIA-ROMAGNA, *Analisi Logistica funzionale alla sostituzione della sede del Servizio Fitosanitario a Bologna*, Regione Emilia-Romagna, 2014? anno probabile, scaricabile dal sito internet https://goo.gl/TxuecK.

INDICE

Prefazione 5

1. LA CRISI: I PROCESSI ANTIECOLOGICI DEL SALENTO 8
    1.1 Premessa 9
    1.2 Xylella Fastidiosa emergenza nell'emergenza 12
    1.3 Xylella s.r.l.: estirpazioni e pesticidi 18
    1.4 Un cuore di pietra 20
    1.5 Ecologia Salento a rischio 22

2. STRATEGIE ECOLOGICHE 26
    2.1 La quarta legge dell'ecologia 27
    2.2 Ecologia, cave, agricoltura 27
    2.3 Strategie programmatiche 31
    2.4 Esempi virtuosi 34

3. VERSO UNA METODOLOGIA OPERATIVA 62
    3.1 Salento: parco e laboratorio 63
    3.2 Diagrammi e tracciati: ottimizzazione del territorio 64
    3.3 Il bacino estrattivo: crisi e potenzialità 66
    3.4 Il comparto Nord Est: una dimensione possibile 69
    3.5 Paesaggio e biotipi 70
    3.6 Connecting and Occupying 72
    3.7 Mixitè 75
    3.8 Flessibilità degli spazi 76
    3.9 Mixitè della residenzialita 78
    3.10 Uso sociale degli spazi 82
    3.11 Xylella, metafora, architettura 84

4. PER APPROFONDIRE 87

THE PROACTIVE REVOLUTION
IN ARCHITECTURE

Collana diretta da Antonino Saggio

*La collana rappresenta un cambio di punto di vista negli studi di architettura e urbanistica. Invece di partire da una "soluzione", si parte da una "crisi". Analisi economiche, sociali e statistiche forniscono il quadro di riferimento per la nascita di proposte esemplificative che si muovono tanto nel terreno politico che in quello urbano ed architettonico.*

 **Foreste Urbane**
Strategie per la riqualificazione delle
aree estrattive
Gaetano De Francesco
ISBN 978-1-291-34444-8

 **Percorsi Ulivi Xylella**
Rural paths un progetto per combattere
l'emergenza ecologica nell'entroterra salentino
Michele Spano
ISBN 978-0-244-97938-6